Dancing Queen

Ursula Mann

Dancing Queen

Bibliografische Information der Deutschen Nationalbibliothek:
Die Deutsche Nationalbibliothek verzeichnet diese Publikation
in der Deutschen Nationalbibliografie; detaillierte bibliografische
Daten sind im Internet über www.dnb.de abrufbar.

© 2015 Ursula Mann
Zeichnungen und Satz: Ursula Mann
Umschlagfoto: Thomas Gutmeier
Lektorat: Inge Fasan
Herstellung und Verlag: BoD – Books on Demand, Norderstedt
ISBN 978-3-7347-9421-6

Inhalt

Mein Dank gilt allen Menschen, die mich auf meinem bisherigen Weg begleitet und unterstützt haben, allen voran meinem Mann Thomas.

Speziellen Dank an alle, die mich bei der Entstehung meines Buches durch Zuhören und Anregungen, mit ihre Begeisterung und ihrem Wissen unterstützt haben: Mareike Aram, Anke Baum, Claudia Burger, Christoph Luger, Andreas Mersa, Maria Mittermayer, Birgit Platzer und Kerstin Wagner.

Und natürlich: Danke, Martin.

Puste dich in den Stein

„Was ist dein Problem?"

Der Mann, der mir gegenübersitzt, blickt mich ruhig und konzentriert an.

Ich zögere. Es fällt mir schwer, mein Problem auszusprechen. Sanft ruht sein Blick auf mir, als hätten wir alle Zeit der Welt. Tief hole ich Luft und sage: „Mein Zahnfleisch geht zurück."

„Was macht das mit dir?"

„Es macht mir Angst, riesengroße Angst."

Ich schäme mich dafür, dass es mich so sehr mitnimmt und beschäftigt. Auch kann ich nicht erklären, warum das so ist.

„Angst wovor?" ist alles, was er wissen will.

Bevor ich mir der Antwort bewusst bin, höre ich mich sagen: „Angst zu sterben."

Er hält mir einen Stein hin: „Da, puste die Angst in den Stein."

Ich tue wie geheißen und fühle mich mit einem Mal geborgen. Alles darf so sein. Ich darf so sein. Meine Angst darf da sein.

Er deutet auf die Liege.

„Schließe die Augen", sagt er sanft und umfängt meinen Kopf mit seinen Händen. „Du wirst mich rasseln hören. Ich werde manchmal über deinen Körper pusten. Vielleicht siehst du Bilder oder fühlst etwas. Wichtig ist nur, dass du deinen Körper ganz still hältst."

Dann beginnt er mit dem Rasseln. Dazu pfeift er leise eine Melodie. Ich liege da. Ich warte. Ich fühle nichts und ich sehe auch nichts. Nicht einmal Gedanken sind da. Plötzlich und unerwartet pustet er von rechts über meinen Bauch. Der Stoff meines Sommerkleides fühlt sich feucht an. Ich befinde mich

9

in keiner Trance und bin bei vollem Bewusstsein. Doch was mir jetzt in den Sinn kommt, ist seltsam absurd: Ich bin davon überzeugt, dass ich blute. Wie soll ich so auf die Straße gehen?

Das Rasseln und die Melodie umgeben mich. Ich habe kein Zeitgefühl mehr. Wieder pustet der Mann. Dieses Mal über meinen Brustkorb. Schmerz durchfährt mich, als würde mir etwas aus dem Körper gerissen. Jetzt habe ich zwei Wunden, aus denen ich blute. Unendliche Traurigkeit steigt in mir hoch. Woher dieses Gefühl kommt, weiß ich nicht, ich kann jedoch nicht anders, als den Tränen freien Lauf zu lassen.

„Die Sitzung ist jetzt vorbei. Ich lasse dich kurz allein."

Behutsam holen mich diese Worte ins Jetzt. Als sich die Türe schließt, öffne ich langsam meine Augen und blicke an mir hinunter. Natürlich ist mein Kleid nicht blutig. Es ist nicht einmal feucht. Ein mir fremder, aber nicht unangenehmer Geruch liegt in der Luft. Neben der Liege auf dem Boden steht eine schmale gelbe Flasche mit buntem Etikett und spanischer Aufschrift. Während ich noch versuche, sie zu entziffern, betritt der Mann wieder den Raum. Was ich gesehen hätte, will er wissen.

Leise gestehe ich, dass ich gar nichts gesehen habe. Mir ist es unerklärlich. Sonst sehe ich alles in Bildern und kann ganze Filme im Kopf ablaufen lassen. Hier hat mich hingegen nur Schwärze umgeben.

Er lächelt. Das sei ganz in Ordnung so. Denn die Geschichte wäre zu heftig gewesen, um sie mir sozusagen noch einmal zu zeigen. Dann sagt er fast beiläufig, er habe die Energie meines Großvaters aus meiner Energie entfernt. Ich blicke ihn sprachlos an.

Was er nicht wissen kann: Drei Jahre zuvor habe ich eine Familienaufstellung zum Thema Angst gemacht und dabei bin ich auf meinen Großvater gekommen. Die Aufstellung war berührend, aufschlussreich und anstrengend. Die Angst ist geblieben.

„Es war nicht leicht, deinen Großvater zu überreden. Er hat dich sehr geliebt und wollte dich einfach nicht verlassen", erzählt er mir. „Aber letzten Endes hat er sich doch ans Licht führen lassen."

„Ich habe auf einmal so viel Traurigkeit verspürt."

„Das war seine Traurigkeit", erklärt er mir. „So manches in deinem Leben kann sich jetzt verändern, denn dein Großvater hat viele deiner Handlungen mitbestimmt."

Damit ist meine erste Sitzung bei Martin Brune zu Ende.

· ℰℛℴ ·

Was bisher geschah

Ein paar Jahre vor dieser ersten Sitzung hatte mich ein Burnout aus meinem damaligen Leben katapultiert. Als gelernte Grafik Designerin hatte ich diesen Beruf zehn Jahre lang ausgeübt, teils angestellt, dann wieder freiberuflich. Zuletzt hatte ich die Grafikabteilung einer großen Weinhandelskette geleitet. Lange Zeit hatte mir meine Arbeit Freude bereitet. Mit Begeisterung hatte ich mich in die Arbeit gestürzt und oft bis spät in die Nacht gearbeitet, war sonntags gerne allein in der Abteilung gewesen, wo ich in Ruhe gestalten und entwerfen konnte. Ich arbeitete sehr viel. Ich war meine Arbeit.

Über die Jahre hatte es genug Zeichen geben, die mir zu verstehen geben wollten, dass mir die Art und Weise, wie ich mein Leben lebte, nicht wirklich guttat. Mein Körper reagierte darauf. Aber ich verstand die Botschaften nicht. Meine körperlichen Beschwerden (Verdauungsprobleme, Akne, Regelschmerzen, Nervosität, Allergien ...) versuchte ich über Akupunktur, TCM und Kinesiologie in den Griff zu bekommen. Mal ging es besser, dann wieder schlechter. Es war immer irgendwo etwas nicht in Ordnung.

Das Abhandenkommen der Lebensfreude geschah unbemerkt. Meine Arbeit erfüllte mich irgendwann nicht mehr. Allein die Anforderungen an mich stiegen. Es galt immer mehr zu produzieren. Schließlich konnte ich nicht mehr abschalten und dachte vor dem Einschlafen darüber nach, was ich am nächsten Tag alles zu erledigen hatte. In manchen Wochen war ich so angespannt, dass ich gleich nach dem Aufwachen zu schwitzen anfing. Das blieb dann den gesamten Tag so.

Nur am Wochenende, wenn ich Zeit hatte, im Garten zu arbeiten, wurde es ruhiger in mir. Montag in der Früh war es damit wieder vorbei.

In einem Urlaub in Irland hatte ich meine erste Panikattacke. Aber die Angst blieb nicht auf der grünen Insel, wie ich gehofft hatte. Der Heimflug, den ich mit Mühe schaffte, sollte für acht Jahre der letzte Flug sein. Die nächste Panikattacke hatte ich tags darauf im Büro, als mir der Firmenbesitzer aufzählte, was er sich so in nächster Zeit alles von der Grafikabteilung wünschte. Ich versuchte mir nichts anmerken zu lassen, hielt geheim, was mit mir passierte. Anfangs kam die Angst nur, wenn ich allein in unbekannten Gegenden war. Später konnte sie überall auftreten, wenn niemand in meiner Nähe war, dem ich vertrauen konnte, also auch in der U-Bahn, mitten unter anderen Menschen. Die Angst schränkte mich ein. Es kam auch immer mehr die Angst vor der Angst. Mir dämmerte, dass ich in eine Sackgasse geraten war. So fing ich an zu überlegen. Es musste sich etwas ändern, aber ich wusste nicht wie und was. Mehr Grafikerinnen in der Abteilung? Zusätzliche freie Mitarbeiter? Schnellere Computer? Weniger Stunden oder Teilzeit? Aber wie sollte das gehen? Oder vielleicht doch ein Kind? In meinem Kopf arbeitete es unaufhörlich.

Dann kam der 11. September 2001. Die schrecklichen Ereignisse in New York ließen mich zu dem Schluss kommen, dass es mir trotz allem sehr gut gehe und ich keinen Grund zur Klage hätte. Ich befahl mir, dankbar zu sein und mit dem Grübeln aufzuhören.

Ein paar Monate später fuhr ich mit meinem Mann Thomas in den Winterurlaub – ohne Schi, denn ich hatte einfach keine Kraft, den von mir so geliebten Sport auszuüben. Auf der Hinfahrt saß ich heulend auf dem Beifahrersitz. Es war nur Schwere in mir und ich wusste nicht mehr weiter.

„Warum hörst du nicht einfach auf zu arbeiten und machst eine Zeit lang nichts?"

Dieser Satz aus Thomas' Mund brachte die Wendung, die unser beider Leben schließlich zur Energiearbeit bringen sollte. Damals saßen wir nicht weit von einer Almhütte auf einem Baumstamm. Das Tal war tief verschneit und still, der Himmel strahlend blau und etwas von dieser Helligkeit konnte ich auf einmal auch wieder in mir fühlen. In diesem kostbaren Moment konnte ich spüren, dass Thomas recht hatte. Es war Zeit, mit meinem Job aufzuhören. Auch wenn ich damals überhaupt keine Idee hatte, wie es weitergehen könnte. Wir ahnten beide nicht, dass wir Jahre später genau an diesem Platz, in dieser Almhütte, unsere erste Visionsreise anbieten würden.

Aus dem Urlaub zurück kündigte ich. Einen Monat später war ich frei und dachte, dass ich nach ein paar Tagen wieder lustig und munter sein würde. Dem war nicht so. Denn jetzt kam erst alles nach oben: Müdigkeit, Traurigkeit, Ängste … Ich wusste auch nicht, wohin mit mir, schämte mich, fühlte mich wie eine Versagerin. Keine Karriere, keine Kinder, keine Ahnung, wo es hingehen sollte, keine Lebenskraft – und das mit 33 Jahren.

Was mir damals überhaupt nicht bewusst war: Mein Körper, meine Energie war angefüllt mit Schwere. Wie ein Gefäß, das nichts mehr fassen kann, war ich am Überlaufen.

Man kann sich den Menschen als Gefäß vorstellen – „vessel" ist der englische Begriff für Gefäß, davon leitet sich auch der Begriff „Vesseling" ab. Unser Gefäß ist am Anfang des Lebens leer. Es gibt also viel Raum für Leichtigkeit und Lebensfreude. Im Laufe des Lebens füllt es sich mit Schwere an. Ist es bis zur Hälfte voll, gibt es immerhin noch die andere leere Hälfte, in der Leichtigkeit, Freude, Liebe und Kreativität Raum haben.

Allerdings ist bei vielen Menschen das Gefäß fast bis an den Rand gefüllt. Dieses volle Gefäß lässt einen kaum noch Leichtigkeit empfinden. Meist hat die Schwere das Sagen. Sie speist uns mit sorgenvollen Gedanken, um die sich den ganzen Tag alles dreht. Die Welt, durch ein volles Gefäß gesehen, kommt manchem nur mehr böse, unsicher, hässlich und bedrohlich vor. Die Schwere legt sich auf das Gemüt und schließlich auch auf den Körper. Krankheiten beginnen sich zu manifestieren. Quillt das Gefäß über, dann geht einfach nichts mehr.

So saß ich mit meinem vollen Gefäß zu Hause. Die ersten Wochen waren für mich sehr dunkel. Ich verkroch mich, wurde von Gedanken gequält und versuchte ständig zu verstehen, was mit mir passiert war. Nichts lenkte mich mehr von meiner Schwere ab – weder konnte ich in diesem Zustand Filme oder Serien sehen, noch interessierte mich Essen. Offenbar hatte ich einen Punkt erreicht, wo etwas in mir wollte, dass ich endlich damit begann, mich mit mir selbst auseinanderzusetzen. Ich begann Bücher zu lesen, die Hilfe versprachen. Manche gaben mir in dem Moment Hoffnung und Kraft. Leider konnte ich mir nichts davon ins Leben holen. Dann fiel mir ein Zeitungsartikel in die Hände, in dem ein Mann über seine Erfahrungen mit Yoga berichtete. Es schien ihm ähnlich ergangen zu sein wie mir. Als ich Tage später „zufällig" an einem Yogastudio vorbeikam, meldete ich mich für Ashtanga-Yoga an. Ein Strohhalm, nach dem ich griff.

Diese zwei Stunden forderten mich auf allen Ebenen so sehr, dass ich zum ersten Mal seit ewiger Zeit keine Möglichkeit hatte, an etwas anderes zu denken, als an das, was jetzt gerade zu tun war. Danach war für einen ganzen Abend Stille in mir. Ich hatte sogar wieder Appetit.

Da ich nichts anderes zu tun hatte und auch nicht wusste, wie ich meinen Ängsten und meinen schweren Gedanken entgehen konnte, gab ich mich voll und ganz dem Ashtanga-Yoga hin. Anfangs dreimal, bald schon sechsmal pro Woche rollte ich meine Matte aus und hoffte jedes Mal von Neuem, dadurch inneren Frieden finden.

Beim Yoga wurde ich mir zum ersten Mal meiner Gedanken wirklich bewusst. Ständig haderte ich mit meinem Aussehen, meinem Können, mit dem, was ich in der Vergangenheit getan oder nicht getan hatte. Immer wieder verglich ich mich mit anderen Frauen, die um mich herum ihre Asanas praktizierten und natürlich alles besser konnten – und dabei auch noch schöner aussahen. Mir gingen nur negative Gedanken durch den Kopf. Ich quälte und bestrafte mich quasi ständig. Auch erkannte ich, dass ich mich bereits am Anfang der Stunde vor schwierigen Übungen fürchtete, die noch gar nicht an der Reihe waren und manchmal auch gar nicht angesagt wurden. Genauso lebte ich. Ständig in Angst vor Dingen oder Ereignissen, die nicht da waren und vielleicht auch nie kommen würden.

Auch auf der körperlichen Ebene entpuppte sich Yoga für mich als große Herausforderung. Mein Körper war steif, die Sehnen verkürzt, nicht weich und dehnbar wie sonst bei anscheinend allen Frauen im Raum. Muskeln und Kraft hatte ich auch nicht wirklich. So gab es kaum eine Übung, die mir leicht fiel. Gerade weil ich auf allen Ebenen so gefordert war, schaffte ich es nicht mehr, mich mit meinen schweren Gedanken zu identifizieren. Darum war ich nach einer Yoga-Einheit wirklich in meinem Körper und somit im Hier und Jetzt. Mit der Zeit erholte sich meine Seele. Mein Körper wurde kräftiger. Die Lebensfreude kam langsam zurück. Ich konnte wieder lachen und traute mich mehr in die Welt hinaus.

Die Umwelt nahm meine Veränderung wahr und bekam vor allem meine Begeisterung für Yoga mit. Als mich mein Yoga-Lehrer fragte, ob ich bei ihm in der Klasse assistieren wollte, sagte ich freudig zu, hatte ich mir doch genau das bereits heimlich gewünscht. Allerdings hatte ich auf diese Art noch nie mit Menschen gearbeitet und wusste nicht, ob ich das überhaupt konnte. Zu meinem Erstaunen fühlte es sich gleich in der ersten Stunde vertraut an. Meine Hände wussten vor meinem Kopf Bescheid, was zu tun war.

Ich war überglücklich, als mir ein paar Monate später angeboten wurde, eine Yogaklasse zu übernehmen – und das ausgerechnet an meinem Geburtstag. Dabei hatte ich keinerlei Ausbildung, nur meine Selbsterfahrung und meine Begeisterung. Mit der Zeit kamen weitere Klassen dazu. Das Leben hatte mich zur Yoga-Lehrerin gemacht, sehr zu meinem eigenen Erstaunen. Damals dachte ich, jetzt wäre ich angekommen. Es war jedoch nur ein weiterer Schritt in jene Richtung, in die es für mich offenbar gehen sollte. Denn ein paar Jahre später wählte ein gewisser Martin Brune für seinen Vortrag ausgerechnet einen der beiden Räume aus, in denen ich Yoga unterrichtete. Der Vermieter bat mich, dem „Schamanen"[1], wie Martin sich damals noch nannte, aufzusperren. Ich entschied mich, den Vortrag anzuhören. Zwar war ich neugierig, aber auch mit einem gewissen Misstrauen ausgestattet. Schamanismus erschien mir zu mystisch und unheimlich.

---

[1] *Die Bezeichnung für die Absolventen der Energieschule hat sich über die Jahre gewandelt von Schamane zu Energieseher und schließlich zu Vesseling Practitioner. Diese drei Begriffe sind demnach auf den folgenden Seiten als gleichwertig anzusehen.*

Im Raum der Erinnerung

Ich eile die Straße zum Yogastudio hinauf. Mein Hund Wodka hat alle Zeit der Welt und will nur stehen bleiben. Ungeduldig zerre ich ihn weiter, denn wir sind schon spät dran. Wie der Schamane wohl aussieht? Lange Haare? Ungepflegt? Eingeraucht? Als ich in die Seitengasse einbiege, steht Herr Brune bereits vor dem Haustor, in deutscher Pünktlichkeit, Jeans und T-Shirt und mit gepflegtem Kurzhaarschnitt.

Der soll also Schamane sein? Ich habe nicht viel Zeit, mich zu wundern. Martin Brune streckt mir seine Hand entgegen. Als ich in seine Augen sehe, passiert etwas Unerwartetes. Mit einem Mal habe ich das Gefühl, so wahrgenommen zu werden, wie ich wirklich bin. Es spürt sich gut an: wie geborgen sein, wie angekommen. Das alles dauert nur so lange, wie es eben braucht, einander die Hand zu geben. Schon geht es hinauf in den Seminarraum.

Thomas kommt nach und wir richten gemeinsam den Raum her. Da wir beide nur mit einigen wenigen Menschen rechnen, die sich für Martin Brune interessieren, haben wir in unserem Bekanntenkreis Werbung gemacht und versucht, Publikum für den extra aus Köln angereisten „Schamanen" zu akquirieren. Irgendwie wollten wir nicht, dass er nur fünf Zuhörer hat. Es kennt ihn ja keiner. Der Seminarraum ist neu und noch nicht sehr bekannt. Wer soll also zu diesem Vortrag finden?

Zu unserer Überraschung beginnt sich der Raum zu füllen. Freie Sessel gibt es schon lange nicht mehr. Auch der Boden ist belegt. Erstaunt und gespannt quetschen Thomas und ich uns auf die letzten freien Plätze auf den Fensterbänken.

Dann beginnt Martin zu erzählen, aus seinem Leben, von seinen früheren Problemen und von seinem Weg aus der Krise. Seine Worte sind packend, seine Erklärungen einfach. Alles ist so logisch. Ich bekomme Antworten, nach denen ich schon lange gesucht habe. Sehnsucht und Hoffnung sind in mir. In der Pause melde ich mich, ohne viel nachzudenken, für eine Sitzung bei Martin am kommenden Tag an.

Es beginnt der zweite Teil des Abends: Martin wird jetzt eine Energiereise anleiten. Er erklärt, das sei eine geführte Meditation, bei der sich Blockaden lösen können. Wir würden mit geschlossenen Augen regungslos daliegen und einfach nur zuhören. Ob wir dabei seinen Worten wirklich aufmerksam folgen, ob wir Bilder sehen oder nicht, ob wir gedanklich ganz wo anders sind, das alles sei nicht wichtig. Die Auflösung der Schwere passiere im Energiekörper selbst, sagt Martin. Unser Kopf oder unser Wissen sei dafür nicht zuständig. Wesentlich sei nur das absolute Stillhalten des Körpers.

Wir alle haben ein Thema, mit dem wir uns auf diese Reise begeben wollen. Ganz egal, ob dieses Problem unseren Körper betrifft oder unsere Seele, ob man eine Partnerin sucht oder unglücklich in der Arbeit ist, und auch ganz egal, ob man dieses Problem in Worte fassen kann.

„Was macht es mit dir, dass du dieses Problem hast?"

Diese Frage gibt Martin in den Raum, als alle ihren Platz gefunden haben. Mein Herz beginnt heftig gegen meinen Burstkorb zu schlagen. Das Atmen fällt mir schwer. Als wäre die Luft zu dick. Angst steigt in mir hoch. Die Angst ist auch mein Thema. Diese Angst, die immer im Hintergrund zu spüren ist und die nur darauf wartet, bis sie mich wieder in Besitz nehmen kann. Jetzt breitet sie sich blitzschnell aus. Wenn ich könnte, würde ich flüchten.

„Macht es dich traurig oder wütend?", fragt Martin.

Ich muss nicht lange überlegen: Es macht mich traurig.

„Puste dich drei Mal in den Stein, so wie du jetzt bist."

Ich blicke zögernd und ein bisschen unsicher auf den kleinen Kieselstein, den ich bekommen habe. Rings um mich pusten alle brav auf den Stein in ihrer Hand. Also tue ich es auch und lege mich dann wie alle anderen hin. Den Stein sollen wir auf eine Stelle unseres Körpers legen. Mein Herz klopft bis zum Hals. Mein ganzer Körper ist angespannt. Was wird jetzt geschehen? Was erwartet mich? Das uralte Gefühl, vollkommen allein zu sein, lässt meine Angst noch größer werden. Es ist absurd, dass ich mich allein fühle, denke ich. Wir liegen dicht gedrängt wie die Sardinen. Was ist los mit mir?

„Es können Gedanken da sein. Der Körper darf sich unwohl fühlen. Es kann auch sein, dass heftige Gefühle hochkommen. Es dürfen Ängste da sein, Zweifel, Verzweiflung", höre ich Martin mit ruhiger Stimme sagen. „Wichtig ist nur, dass ihr euch nicht bewegt. Ihr seid hier vollkommen sicher. Es kann euch nichts passieren."

Seine Worte beruhigen mich. Ich spüre, dass ich ihm vertraue. Da setzt eine Rassel ein und die Reise beginnt: „Stell' dir vor, du stehst auf einer Blumenwiese ..."

Vor meinem inneren Auge sehe ich eine Wiese und lasse mich von Martins Worten führen, durch diese Wiese auf einen Wald zu. Irgendwann gelange ich an einen Ort, wo der „Geistführer des Unterbewusstseins", wie Martin ihn nennt, auf mich wartet. Ihm kann ich von meinem Problem erzählen. Es tut gut, in Gedanken einfach alles sagen zu können. Ich fange an zu weinen, sage, dass ich die Angst nicht mehr haben will, dass ich frei sein will. Auch andere rund um mich höre ich schluchzen.

Martin führt uns weiter und wir betreten den „Raum der Erinnerung". Was wir hier sehen würden, fragt Martin und beginnt leise eine Melodie zu pfeifen. Zuerst sehe ich nichts. Langsam erst nehme ich die Farben Weiß und Grün wahr. Alles ist verschwommen. Gesichter beugen sich über mich. Mit einem Mal weiß ich, wo ich bin: bei meiner eigenen Geburt!

Mir war damals die Schädeldecke eingedrückt worden. Es hatte Stunden gedauert, bis ich, mit riesigem Verband um den Kopf, meiner Mutter in die Arme gelegt wurde. Man wusste damals nicht, ob eine geistige oder körperliche Behinderung zurückbleiben würde. Ich hatte großes Glück. Es blieb nur eine Narbe in Form einer runden, haarlosen Fläche auf der Kopfhaut zurück.

In der Zeit, als meine Panikattacken so massiv geworden waren, hatte ich auch versucht, durch eine Rückführung bei einer Therapeutin an die Wurzeln dieser Angst zu gelangen. Irgendetwas ließ mich diesen Ursprung der Angst in der Art und Weise vermuten, wie mein Start ins Leben erfolgt war. Diese Rückführung war so intensiv gewesen, dass ich damals nicht mehr still liegen bleiben konnte und mich in Panik aufsetzte und nach Luft rang.

Jetzt, im „Raum der Erinnerung", werde ich wieder damit konfrontiert. Mit einem Mal verspüre ich große Traurigkeit. Aus ihr steigt plötzlich Angst auf. Die Angst wird zur Panik, zur Todesangst. Die Rassel dringt an mein Ohr. Ich halte mich daran fest und schaffe es, die Angst da sein zu lassen und liegen zu bleiben. In mir wird es ruhiger. Jetzt höre ich auch wieder die Melodie, die Martin pfeift. Auf einmal werde ich noch einmal von einem Gefühl überwältigt: Wut! So viel Wut. Warum hat man mir so weh getan?

Martins ruhige Stimme holt mich zurück ins Jetzt. Es geht weiter in den „Raum der Glaubensgrundsätze": „Ich bin hässlich", finde ich hier riesengroß geschrieben.

Dann kommt der „Raum der Talente". Hier könnten wir uns in unserer gesamten Kraft sehen, sagt Martin.

In meiner Vorstellung öffne ich die Tür und betrete den Raum. Helles Licht strahlt mir entgegen und im Zentrum stehe: ich. Es sieht so aus, als würde ich strahlen. Ja, ich bin diese Lichtquelle. Wärme breitet sich in mir aus und ich fühle tiefe Liebe.

Wir verlassen diesen Raum und sollen unsere verloren gegangene Energie holen. Aber wo ist sie zu finden? Mich zieht es zurück in den ersten Raum, den „Raum der Erinnerung". Dort nehme ich den Säugling in meine Arme. So viel Liebe kann ich auf einmal für dieses winzige, verletzte Wesen spüren.

„Gehe noch einmal in den Raum der Glaubensgrundsätze. Sieh nach, ob sich dein Glaubensgrundsatz verändert hat."

Noch bevor ich den Raum betrete, weiß ich meinen neuen Glaubensgrundsatz: „Ich bin Liebe."

Nach der Heilreise spüre ich tiefen Frieden in mir. Ich blicke mich um und begegne vielen strahlenden Gesichtern. Ein paar Frauen lassen uns an ihrer Heilreise teilhaben. Jede hat sie anders erlebt, jede auf persönliche Art und Weise.

„Alle haben eine alte Wunde heilen können und ein Stück Energie zurückbekommen", sagt Martin zum Schluss.

Der Vortrag ist zu Ende. Viele der Teilnehmer gehen tief bewegt nach Hause. Thomas und ich helfen Martin, Stühle und Matten wegzuräumen. Das fühlt sich so vertraut an, als hätten wir es schon öfter miteinander gemacht.

· ⌘ ·

An diesem Abend entschied sich Thomas, den Basiskurs von Martin zu besuchen. Er war seit Längerem mit seinem Leben unzufrieden und hatte bei dieser Heilreise die Antwort auf sein Suchen gefunden. Er wollte lernen, wie man Menschen helfen kann, alte Wunden zu heilen.

Mir kam das damals überhaupt nicht in den Sinn. Ich genoss staunend und noch etwas vorsichtig die neue Leichtigkeit, die in mein Leben gekommen war. Gleich nach der Sitzung bei Martin fuhren wir auf Urlaub in die Berge. Erstaunlicherweise wurde ich nicht gleich in den ersten Tagen krank, wie das meistens der Fall war. In der Früh sprang ich aus dem Bett, statt wie sonst von meiner Schwere heimgesucht zu werden. Es gab nichts, das mich davon abhielt, einfach glücklich zu sein. Auch das Zahnfleisch war kein Thema mehr. Die Sorge darum war verflogen.

Als ich ein paar Tage später auf einem Berggipfel stand, spürte ich so viel Kraft und Lebensfreude in mir wie seit Kindertagen nicht mehr. Der Wind kam aus dem Tal herauf und in mir erklang ein Lied „… lass den Wind von vorne weh'n, breite die Flügel, du wirst sehen, du kannst fliegen, ja du kannst …"

Früher hatte ich bei diesem Lied immer Rotz und Wasser geheult und nie gewusst warum. Jetzt wurde mir klar: Ich hatte noch nie meine Flügel ausgebreitet, war noch nie geflogen.

Fliegeralarm

Thomas kam vom Basiskurs zurück und sprühte vor Energie und Freude. Gebannt hörte ich seinen Erzählungen zu und mir wurde bewusst: Diese Form der Energiearbeit war genau „Meins". Das war, wonach ich all die Jahre gesucht hatte. Es war so nah – und doch so unerreichbar für mich.

Nicht einmal im Traum konnte ich mir vorstellen, allein nach Deutschland zu reisen, wo damals die Kurse stattfanden. Ohne eine vertraute Seele eine Woche unter fremden Menschen? Das Zimmer mit Fremden teilen? Eine Woche nicht bestimmen zu können, wann und was ich aß? NEIN. Meine unzähligen Ängste verhinderten, dass ich den nächsten Kurs buchte, um das zu erleben und zu lernen, wonach mein Innerstes sich sehnte.

Aus meiner heutigen Sicht ist es für mich am erstaunlichsten, wie sehr ich mich an meine Ängste gewöhnt hatte. Ich nahm sie ja gar nicht mehr als Ängste wahr. Sie waren Realität. Ich wollte eben nicht mit Fremden in einem Kurs sein und schon gar nicht in einem Zimmer. Auch das mit dem Essen war Realität. Denn wenn ich mich nicht mit dem ernähren konnte, was mir guttat, dann litt meine Gesundheit. Also war dieser Kurs eben nichts für mich. Außerdem, sagte mein Kopf, hast du gerade mit einer Ausbildung zur Nuad-Therapeutin[2] angefangen. Mach' das erst einmal fertig und dann sehen wir weiter. Vielleicht ist das ja auch nur der Weg von Thomas.

Ja, Thomas war in seinem Element. Jedes Wochenende saßen Freunde bei uns in der Küche und lauschten erstaunt

[2] Nuad wird auch passives Yoga genannt und hat seinen Ursprung in Thailand. Die Lehre eines Energieliniensystems, das den Körper wie ein Netz durchzieht, ist die Basis.

und verwundert, meist ungläubig, aber immer gebannt, seinen Erzählungen. Er, der früher in Gesellschaft kaum ein Wort gesagt hatte, war nicht mehr zu stoppen. Es kamen immer mehr Menschen zu ihm, um sich durch eine Sitzung von ihm helfen zu lassen. Auch ich kam in den Genuss.

Es ist Sonntag Mittag. Thomas und ich verlassen gerade ein indisches Lokal. Zufrieden und satt schlendern wir die Gasse hinauf. Es sind für einen Sonntag erstaunlich viele Menschen unterwegs. Wir haben gerade den 26. Oktober, den österreichischen Nationalfeiertag.

Über uns wird es laut. Eine Formation von Hubschraubern zieht am Himmel Richtung Ringstraße. Unwillkürlich ducke ich mich. Der Lärm von tief fliegenden Hubschraubern oder Flugzeugen ist mir nie wirklich geheuer gewesen. Erneut schwillt der Lärm in der Luft an. Ich bin bestrebt, möglichst schnell zu unserem Auto zu gelangen. Da kündigt ein gewaltiges Dröhnen das Herannahen von Kampfjets an. Es wird immer lauter und unheimlicher. Bedrohung liegt für mich in der Luft. Die Seitengasse, in die wir eingebogen sind, ist vom Lärm der Jets erfüllt. Die Hauswände scheinen zu zittern. Schon stehen wir neben unserem Auto. Da bricht Panik in mir aus. Mein Herz beginnt zu rasen und ich will nur weg, in Sicherheit.

„Wir müssen in den Luftschutzkeller, sonst sterben wir!"

Habe ich es ausgesprochen oder nur gedacht? Mein Kopf weiß, wir haben weder Krieg noch besteht Gefahr. Doch etwas in mir ist vollkommen davon überzeugt, dass ich hier und jetzt in Todesgefahr schwebe. Dieses Gefühl, in den Luftschutzkeller zu müssen, ist so übermächtig, dass ich nicht verstehen kann, wieso Thomas so ruhig bleibt. Wir schweben in Lebensgefahr. Sieht er das nicht?

Der Lärm über uns wird leiser. Ich sitze bereits in unserem Auto. Tränen laufen mir über die Wangen. Ich bin verstört, will nur heim.

Zu Hause bekomme ich sofort eine Sitzung von Thomas. Er hält mir einen Stein hin. Es gibt nichts zu reden. So puste ich die Angst in den Stein, puste dieses Erlebnis, das mir noch immer in den Knochen sitzt, so fest es geht aus mir heraus.

Am Anfang der Sitzung kommt es mir vor, als würde ich Kriegslärm in mir hören. Bilder von zerstörten Häusern verfolgen mich. Rauch und Staub, Trümmer und Schutt scheinen mich zu umgeben. Noch einmal erlebe ich die Situation von heute. Mir wird bewusst, dass heute ein Teil von mir im Krieg war. So als wäre ich auf zwei Zeitebenen zugleich gewesen.

Da bläst mir Thomas heftig über den Brustkorb. Ich schrecke zusammen. Tränen beginnen zu laufen. Etwas von der Anspannung lässt nach. Die Bilder vergehen. Ich kann tief durchatmen.

Eine andere Erinnerung steigt in mir auf. Ich bin noch klein, gehe noch nicht zur Schule. Wir sind auf Urlaub. Es gibt ein Fest im Dorf. Es ist dunkel. Wir sitzen zwischen anderen Menschen auf einer Bank. Über uns wird ein Feuerwerk gezündet. Das Knallen und Krachen jagt mir tiefe Angst ein. Ich weine, schreie wie am Spieß, will nur weg. Wieder pustet Thomas und die Angst von damals darf sich auflösen.

Mir wird auf einmal klar, dass meine ewige Angst vor Feuerwerken und Knallkörpern mit diesen „Kriegserlebnissen" zu tun hat. Silvester habe ich immer in Innenräumen verbracht. Da fühle ich mich sicher und schrecke doch zusammen, wenn Raketen besonders laut zu hören sind. An den Tagen vor Silvester, wenn überall schon geknallt und geböllert wird, entgehe ich dem gefürchteten Lärm auf der Straße natürlich nicht. Explodiert ein Knallkörper in meiner Nähe, dann verspannt sich mein Körper und etwas in mir will nur noch flüchten.

Tief hole ich Luft, meine Lungenflügel scheinen nicht genug Sauerstoff bekommen zu können. Ein tiefer Frieden breitet sich in meinem Körper aus. Es kommen keine Bilder mehr. Ruhig liege ich da, habe kein Zeitgefühl mehr, bin einfach nur. Ewig könnte ich so daliegen. Irgendwann holt mich die Stimme von Thomas zurück ins Hier und Jetzt.

Langsam schlage ich die Augen auf, dehne und strecke mich. Ruhe und Frieden sind in mir. Ich setze mich auf und berichte Thomas von meinen Bildern, Erinnerungen und Gedanken.

Dann erzählt mir Thomas, was er in meiner Energie gesehen hat: Bilder aus dem Zweiten Weltkrieg, im Luftschutzkeller, einstürzende Wände, ich zwischen den Trümmern, die Angst zu sterben …

Während ich zuhöre, kommen mir wieder die Tränen, mein Körper reagiert auf das, was meine Ohren hören. Müdigkeit überkommt mich, als wäre mir eine große Last abgenommen worden. Nur mein Kopf gibt keine Ruhe: Wie kann das sein? Ich habe den Krieg nicht miterlebt.

„Du nicht, aber deine Eltern. Sie tragen das Erlebte noch in ihrer Energie", erklärt mir Thomas. „Haben sie ihre Erlebnisse verarbeitet?"

Meine Eltern waren Kinder, als der Zweite Weltkrieg ausbrach. Als ich in der Schule über diese Zeit lernte, wollte ich von ihnen mehr darüber wissen. Sie hingegen sprachen beide nicht gerne darüber. Erst in der letzten Zeit erzählen sie hin und wieder davon und auch von den Albträumen, die sie nach all den Jahren noch quälen.

„Aber wieso kann ich etwas spüren, was nicht ich erlebt habe?", fordert mein Kopf eine Erklärung.

„Du hast in deiner Energie ihre Erlebnisse, ihre Ängste kopiert. Als Kleinkinder lernen wir alles von unseren Eltern oder den Menschen, die uns in den ersten Jahren begleiten. Als Kind unterscheiden wir aber nicht zwischen guten und unnützen Dingen. So lernen wir auch, dass unsere Mutter beim Klingeln des Telefons erschrickt. Wir verbinden das Läuten automatisch mit einer Anspannung des Körpers. Unsere Mutter hat das wiederum von ihrer Mutter übernommen, die im Krieg beim Klopfen an der Tür erschrocken ist. Damals konnte die Gestapo vor der Tür stehen. Die Angst ist aber auch nach dem Krieg geblieben. Das Erlebte wurde nicht verarbeitet. Die Blockade blieb in der Energie und hat sich weitervererbt."

Die Erklärung klingt irgendwie logisch, aber auch sehr fantastisch. Dennoch ist die angenehme Ruhe, die ich in meinem Körper wahrnehme, für heute mehr als genug.

· ⁄⁄ ·

Es sollte einige Monate dauern, bis ich die ganze Wirkung der Sitzung erleben durfte: Wir waren im Donaupark spazieren, als auf der Donauinsel ein Feuerwerk gezündet wurde. Meine erste Reaktion war Neugierde. Ich wollte auf die große Wiese vor dem Donauturm, um da vielleicht einen Blick auf das Feuerwerk zu erhaschen. Während ich im Dunkeln allein hinaus auf die weite Fläche lief, wurde mir bewusst, dass ich gerade etwas tat, was ich noch nie vorher gemacht hatte! Früher wäre ich mit hochgezogenen Schultern und angespanntem Körper, Thomas im Schlepptau, in die entgegengesetzte Richtung gehetzt.

So stand ich zum ersten Mal in meinem Leben unter freiem Himmel in der Nähe eines Feuerwerks und erfreute mich daran.

Regelschmerzen, aus der Ferne betrachtet

Als Thomas anruft, liege ich auf der Couch und schwitze am ganzen Körper. Arme und Beine fühlen sich wie taub an, als wäre das gesamte Blut aus ihnen gewichen. In meinem Unterbauch toben Hitze und Schmerz. Jeden Monat gibt es diesen einen Tag, an dem ich die Kontrolle über meinen Körper verliere. Es ist der erste Tag meiner Menstruation. Die Schmerzen kommen ohne viel Vorankündigung. Medikamente helfen mir nicht. Nur ein sehr starkes, das bei Nierenkolik verschrieben wird, zeigt Wirkung. Darauf reagiere ich nach der dritten Einnahme mit Allergie. Mit Akupunktur, Kinesiologie und Yoga versuche ich es danach. Leider verschafft mir alles nur für kurze Zeit schmerzfreie Phasen. Ich habe nichts in der Hand, auf das ich mich verlassen kann. Die schlimmste Schmerzphase dauert ungefähr eine Stunde. Eine Stunde ist nicht so lang, könnte man denken, es geht vorüber. Freilich ist nichts so relativ wie die Zeit.

Jetzt hat diese Stunde aber gerade erst begonnen und ich weiß nicht, wie ich sie überleben soll. Es tut so weh. Alles würde ich geben, wenn mir jemand diese Schmerzen abnehmen könnte. Ich will sie einfach nicht mehr haben. So viele Jahre schon quälen sie mich. So viele Jahre muss ich mich darauf einstellen, in dieser Zeit in der Nähe eines Bettes sein. Denn wenn die Schmerzen kommen, kann ich mich nicht mehr auf den Beinen halten. Wie sehr wünsche ich mir, dass ich das Bewusstsein verliere und erst wieder zu mir komme, wenn alles vorbei ist. Aber das ist noch nie passiert. Immer muss ich alles miterleben.

„Ich will nicht mehr. Ich halte das nicht mehr aus", stöhne ich ins Telefon und erkenne meine Stimme nicht mehr. Sie ist viel tiefer als sonst.

„Was für ein Gefühl ist jetzt in dir?", will Thomas wissen. Er ist gerade in Deutschland auf seinem zweiten Kurs bei Martin.

Ich horche in mich hinein, bin für einen Moment von den Schmerzen abgelenkt und erkenne: Da ist unendliche Traurigkeit. Da gibt es nichts, was mich noch interessiert. Alles fühlt sich schwarz und tot an.

„Puste dich, so wie du jetzt bist, durch das Telefon. Ich mache eine Fernsitzung mit dir."

Eine Sitzung aus der Ferne? Ich habe keine Kraft zu fragen, wie das funktionieren soll. Es ist mir auch egal. Ich puste und habe das Gefühl, nicht mehr so allein zu sein.

„Schließe die Augen und bleib jetzt so ruhig wie möglich liegen. So als würde ich neben dir sitzen. Wenn ich fertig bin, rufe ich dich an."

Ruhig zu liegen ist in diesem Zustand das Schwierigste. Ständig will ich mich krümmen und meine Position verändern, immer auf der Suche nach einem Moment ohne Schmerzen. Ich unterdrücke diese lang eingespielten Bewegungen und spüre, wie der Schmerz zunimmt, sich aufbäumt und in mir zu brüllen scheint. Dann ebbt er ab und diese wenigen ruhigen Sekunden sind eine Wohltat. Doch schon geht es wieder los und das Spiel beginnt von Neuem. Mir laufen die Tränen über das Gesicht. Die Traurigkeit und das Gefühl, das Liebste im Leben verloren zu haben, füllen mich aus. Ich erkenne mich nicht wieder. Mir ist, als würde ich in einem anderen Körper stecken. Ich klammere mich mit der ganzen Aufmerksamkeit an meine Atmung und sehne das Abklingen des Schmerzes herbei. Da merke ich, dass die Ruhephasen länger werden. Mein Körper hat aufgehört zu schwitzen. Auch meine Arme und Beine kann ich wieder fühlen. Die Hitze im Bauch klingt ab. In mir wird es still und ich sinke in der Sekunde in tiefen Schlaf.

Nach dem Aufwachen liege ich still da. Mein Körper fühlt sich müde an, aber auch angenehm ruhig. Das Handy läutet.

„Da war eine fremde Energie bei dir. Eine Frau, die vor langer Zeit bei einer sehr schweren Geburt ihr Kind verloren hat. Ich bin unendlich viel Traurigkeit und Schmerz begegnet. Sie hatte das Liebste in ihrem Leben verloren."

Mir läuft ein Schauer durch den Körper. Genau so habe ich gefühlt. Ich habe die Traurigkeit dieser Frau gespürt, habe ihren Schmerz über meinen Körper ausgedrückt.

„Aber sag, wie hast du das alles sehen können?", frage ich verwirrt. „Du bist hunderte Kilometer entfernt."

„Wir sind energetisch verbunden. Da genügt es, wenn wir miteinander telefonieren. Es würde sogar ausreichen, wenn ich mich auf dich konzentriere."

„Weil wir einander schon so lange kennen?"

„Nein, das hat damit gar nichts zu tun. Man ist mit allen Menschen energetisch verbunden."

„Du meinst, das funktioniert auch, wenn dich eine vollkommen fremde Frau anruft?"

„Ja. In dem Moment, in dem ich ihr zuhöre, gehe ich mit ihr eine Verbindung ein und kann sie energetisch wahrnehmen."

Im nächsten Monat kommen die Schmerzen wieder. Nichts hat sich verbessert. Ich tobe vor Wut. Nie wird sich irgendetwas verbessern! Das ganze Leben ist gegen mich!

Thomas hält mir einen Stein hin. Ich solle meine Wut da hineinpusten. Das lässt mich noch wütender werden. Das hilft ja doch alles nichts. Ich bin dazu verdammt, mein ganzes Leben zu leiden. Ich blicke bockig auf den Stein. Statt zu pusten, schwimme ich offenbar lieber im Selbstmitleid. Aber warum? Will ich die Schmerzen behalten? Wieso diese Überzeugung, dass mir nichts helfen kann?

„Die Schwere in dir sagt, dass dir niemand helfen kann", erklärt mir Thomas. „Sie will diese Sitzung mit ihrer ganzen

Kraft verhindern. Denn jede Sitzung lässt sie kleiner werden und ein Stück mehr sterben. Die Schwere kämpft sozusagen gerade um ihr Leben. Das ist der Kampf, denn du jetzt spürst."

Noch immer hält er mir den Stein entgegen. In seinen Augen liegen Ruhe und die Gewissheit, dass genau das jetzt zu tun ist. So puste ich mich also, mit dem Gefühl, dass alles nichts hilft, in den Stein und lege mich hin.

Wieder kämpfen die Schmerzen in mir. Wieder scheint mich die Hitze von innen her zu zerstören. Diesmal ist statt Traurigkeit nur Wut in mir: Wut auf die Schmerzen; Wut auf andere, die mir nie glauben, dass es wirklich so weh tut; Wut über die Ungerechtigkeit – ich habe genug Probleme. Warum auch das noch? Ach, Wut auf die ganze Welt.

Thomas sitzt neben mir, rasselt und pustet. Jedes Mal wenn er über meinen Körper bläst, löst sich der Krampf im Unterbauch auf. Bis ich schließlich tief erschöpft einschlafe.

· ℰ∕℘ ·

Im Monat darauf kam die Menstruation einfach so, ohne Schmerzen. Was für ein Geschenk! Erwartet hatte ich das nicht. Eingestellt hatte ich mich auf Schmerzen, hatte mir nicht vorstellen können, dass es je anders sein würde. So ging es einige Monate, bis es wieder schmerzhaft wurde. Diesmal war in mir nur Angst. Angst, es diesmal nicht zu überleben, zu sterben. Bei dieser Sitzung sah Thomas die Geschichte einer Bäuerin, die bei der Geburt ihres Kindes starb. Danach hatte ich nie mehr Regelschmerzen.

Kleine Dinge, große Wirkung

Wir sind auf dem Weg nach Korsika. Es ist Juni und drei Wochen Urlaub liegen vor uns. Wenige Tage zuvor habe ich die Abschlussprüfung meiner Nuad-Ausbildung mit Bravour gemeistert. Glücklich und zufrieden bin ich danach durch die Stadt geschlendert und habe mich mit einem Paar smaragdgrünen und sündteuren Sommersandalen belohnt.

Diese Schuhe sind natürlich ein wesentlicher Bestandteil meiner Urlaubsgarderobe. Gleich in den ersten Tagen ziehe ich sie an. Wir schlendern durch die Altstadt eines malerischen Ortes. Bougainvilleas blühen üppig in den engen Seitengassen. Es riecht nach Sonne und Meer. Es gibt nichts zu tun, als sich an all dem zu erfreuen. Genau das gelingt mir leider nicht. Der Grund? Meine neuen Sandalen. Sie passen mir nicht. Ich habe sie zu groß gekauft. Jetzt rutsche ich in ihnen, finde keinen Halt und die erste Blase bildet sich. Meine Laune ist am Tiefpunkt angelangt. Nichts nehme ich von meiner Umgebung wahr, denn ich bin in meinem Drama gefangen. Es zieht mich immer mehr hinein. So viel Geld für nichts und wieder nichts ausgegeben! Jetzt fehlen mir Schuhe! Und überhaupt: Ich möchte einfach, dass mir diese Schuhe passen!

Ich schaffe es nicht, das alles zu relativieren. In mir ist etwas, das daraus ein Drama machen will und sich aus all den schweren Gedanken auch noch Energie zu holen scheint.

Wir fahren zurück in das Häuschen, das wir gemietet haben, und Thomas hält mir einen Stein hin. Verärgert sehe ich ihn an. Wie soll da jetzt eine Sitzung helfen? Die Schuhe sind zu groß. Das Geld ist weg. Das kann man mit einer Sitzung auch nicht verändern. Inzwischen bin ich nur noch wütend auf alles, aber hauptsächlich auf mich, und mache mir Vorwürfe, als hätte ich tausende Euro aus dem Fenster geworfen.

„Puste deinen Ärger in den Stein. Du hast doch nichts zu verlieren", schlägt Thomas mit unendlicher Geduld vor.

Also puste ich und lege mich hin. In mir tobt es. Mein Körper will nicht still liegen. Es ist eine Qual, sich nicht bewegen zu dürfen. Die Gedanken überschlagen sich, bis sie sich schließlich auf einen Vorwurf konzentrieren: Ich kann mir nicht verzeihen, dass ich mich beim Kauf so geirrt habe.

Meinen Körper durchfährt ein Zucken, das mich aus meinen Gedanken reißt. Auf einmal ist es still in mir. Jetzt genieße ich das Liegen, höre der Rassel zu und nehme vor dem Fenster die Zikaden wahr.

Bei der Nachbesprechung erzählt mir Thomas etwas ganz Erstaunliches. Er berichtet, ihm sei eine arme Frau begegnet, die von ihrem Mann beschuldigt wurde, dass sie verhungern müssten. Die Frau sei aber sparsam gewesen und habe alles getan, um die Familie durchzubringen – vergeblich. Sie habe sich unentwegt Vorwürfe gemacht.

Was ich höre, berührt etwas tief in mir und auf einmal fällt mir ein, dass ich beim Kuchenbacken immer mit den Eiern spare. Nie schaffe ich es, fünf oder gar sechs Eier zu verwenden. Drei sind auch genug, bin ich mir sicher. Nie habe ich mir überlegt, dass dies ein seltsames Verhalten ist, das im Außen keine Entsprechung findet. Denn wir sind weder arm, noch müssen wir auf das Cholesterin achten. Also warum nicht einfach sechs Eier verwenden, wie es das Rezept empfiehlt? Vielleicht habe ich gerade die Antwort darauf erhalten.

· ☙ ·

Damals lernte ich zwei wichtige Dinge: zum einen, dass ganz „unbedeutende" Ereignisse den Weg zu großen Wunden weisen können, zum anderen aber bekam ich eine Ahnung davon, was man durch eine Sitzung erreichen kann. Es geht nicht darum, etwas zu verändern. Es geht nur darum, das Drama loszulassen, das an diese Sache, an dieses Ereignis gebunden ist. In meinem Fall der Ärger und das „Mir-nicht-verzeihen-Können".

Nach der Sitzung durfte die Sache mit den Schuhen so sein, wie sie war. Die Schuhe landeten in der Ecke und später auf dem Flohmarkt. Ich war im Frieden damit und einem wunderschönen Urlaub stand nichts mehr im Weg. Meine Lust zu zeichnen kam zurück und ich fand nach Jahren wieder Freude daran, meine Eindrücke mit Bleistift oder Tusche festzuhalten.

Bonifacio

Soll ich oder soll ich nicht?

Thomas begann, Vorträge und Energiereisen anzubieten. Ich unterstützte ihn dabei und saß an der Kassa. Das war nicht unbedingt meine Lieblingstätigkeit. Jedoch kamen auch einige der Teilnehmerinnen und Teilnehmer zu mir, um mit mir über ihr Thema zu sprechen. Gerne war ich für sie da und hörte ihnen zu. Schon immer hatten sich andere mir gegenüber sehr leicht geöffnet. Als ich noch als Grafik Designerin arbeitete, wurde aus einer geschäftlichen Besprechung oft ein sehr privates Gespräch, bei dem mir Probleme und Sorgen anvertraut wurden. So schön diese Gespräche im Moment waren, im Nachhinein verwirrte mich mein Verhalten, vor allem aber meine Antworten. Wie konnte ich so mit Vorgesetzten oder gar dem Firmeneigentümer sprechen? Was hatte mich dazu gebracht, all diese Dinge zu sagen? Als gäbe es zwei Teile in mir: die Grafikerin mit ihren mannigfaltigen Problemen und diese andere ruhige und sichere Ursula.

Hier war für diese andere Ursula der richtige Ort. Nun half ich den bei Thomas' Veranstaltungen anwesenden Menschen, von ihrem Kopfkonstrukt zum eigentlichen Thema und zum Gefühl und damit zu ihren Blockaden zu kommen. Bei der Energiereise konnten sich diese dann lösen. Die energetische Arbeit musste ich allerdings Thomas und seinem Team überlassen.

Nachdem alle gegangen waren, stand Thomas mit seinen Kolleginnen und Kollegen beisammen. Sie sprachen über ihre Erlebnisse und tauschten Erfahrungen aus. Da musste ich dann zuhören und konnte nie mitreden, obwohl ich das sehr gerne getan hätte. Ja, es wurmte mich, dass ich nichts zu sagen hatte.

Sollte ich nicht doch den Basiskurs besuchen? Nein, entschied ich. Denn das war nur mein Ego, das mitreden wollte. Außerdem war das die Welt von Thomas, war ich überzeugt. Yoga und Nuad gehörten zu mir. Ich war in meiner Welt angekommen.

War ich das wirklich? So sehr ich mich darüber freute, dass ich Yoga-Unterricht geben konnte, empfand ich doch viele Stunden als anstrengend. Auch meine eigene Praxis war oft sehr kräfteraubend. Weil mich Yoga aber damals aus dem tiefen Loch geholt hatte, war ich davon überzeugt, all meine Probleme mit Yoga lösen zu können und zu müssen. Tief in mir wirkte ein Glaubenssatz: Nur wenn ich mich an alle Vorschriften halte und regelmäßig praktiziere, wird es mir besser gehen. Ich praktizierte so diszipliniert und eisern, dass ich meinen Körper überforderte, sehr wenig Gewicht hatte und für ein Jahr auch keine Regel mehr bekam. Meine Ängste ließen mich all das so streng durchziehen. Wenn ich meine Yogamatte einmal nicht um 6 Uhr in der Früh ausrollte, dann wurden hunderttausend Ängste aktiv, die mich quälten. Auch im Urlaub war die Matte mit. Die Angst vor den Konsequenzen war zu groß.

Leider war mir nicht bewusst, dass es sich um Ängste handelte. Für mich war es Realität, dass ich Regeln einzuhalten hatte. Allein schon was das Essen betraf – was und wann und wie viel. Tat ich das nicht, bekam ich von meinem Körper die Rechnung präsentiert. Das hatte ich oft genug erlebt.

Dann kam Martin wieder nach Wien. Er veranstaltete einen Heiltag. Da konnte man an drei Themen arbeiten, also drei Wunden heilen. Ging ich hin? Nein, denn es war mitten im Hochsommer. Das bedeutete, ich wurde mit einem meiner schlimmsten Feinde konfrontiert: der Hitze. Zu meinem Kummer schwitze ich seit meiner Pubertät sehr schnell an Händen und Füßen, wenn ich nervös war – was recht oft vorkam – und wenn es heiß war. Eine der schlimmsten Kombinationen war Hitze und Nervosität. Ich schämte mich unsäglich dafür und versuchte, dieses Übel so geheim wie nur möglich zu halten. Das erforderte viele Strategien und schränkte oft sehr ein, vor allem im Sommer.

Bei diesem Heiltag hätte ich es sicher nicht verbergen können. Also ging ich nicht hin, obwohl ich Martin sehr gerne wiedergesehen hätte. Aber allein die Vorstellung, mich so zu zeigen ... nein, das konnte ich nicht. Noch immer war ich nicht so weit zu erkennen, dass ich genau mit diesem Thema zum Heiltag hätte gehen können – oder mit jedem anderen ...

Ich tat mich sehr schwer damit, meine Probleme anzusprechen oder überhaupt zuzugeben, dass ich welche hatte. Noch dazu erwartete ich von mir, alle Probleme bereits gelöst haben zu müssen. Denn als Yogalehrerin kann man ja schwer Probleme haben, oder?

Alle anderen Yogalehrer strotzten nur so vor Gesundheit und guter Laune. Das glaubte ich jedenfalls. Ich war und blieb ein Problemhaufen, der zwischen himmelhochjauchzend und zu Tode betrübt kein Mittelmaß zu kennen schien. Dabei war alles, was ich wollte, einfach nur leben und genießen können. Aber das gab es für mich nicht. Irgendwie kam ich nicht weiter, steckte in meinen unzähligen Problemen fest, die mir auch immer mehr bei Yoga und Nuad begegneten.

Es gab Abende, an denen tat ich nichts lieber, als Yoga zu unterrichten. Da war ich einfach nur glücklich und sicher, dass ich am richtigen Platz war. In manchen Stunden fiel mir dagegen bis zum Schluss jedes Wort schwer. Nach so einer Stunde war ich dann müde und leer. Meine Tätigkeit kam mir sinnlos vor und ich zweifelte auf der Heimfahrt an mir, an meinem Unterricht und am Sinn meines Daseins überhaupt.

Meine Schüler und Schülerinnen kamen gerne zu mir. Sie freuten sich auf den Yoga-Unterricht. Genauso bei Nuad: Meine Nuad-Lehrerin war von mir so begeistert, dass sie mich sogar zur Nuad-Lehrerin ausbilden wollte. Meine Nuad-Praxis füllte sich. Es gab Sitzungen, die von Leichtigkeit getragen waren, in denen ich kein Zeitgefühl hatte und einfach nur dankbar dafür war, dass ich diese wunderbare Form der Körperarbeit anbieten durfte. Bei anderen Stunden schien der Zeiger der Uhr nicht vom Platz zu kommen. Ich war nach fünf Minuten bereits schweißgebadet und verunsichert durch all die schweren Gefühle und Gedanken, die in mir waren. Danach fühlte ich mich leer, müde, traurig oder verzweifelt.

Was machte ich falsch? Warum war alles so anstrengend? Die Frage nach dem Sinn in meinem Leben schlich sich einmal mehr ein. Auch die Ängste drängten wieder vermehrt in den Vordergrund. Die Schwere legte sich immer mehr auf mich und zog mich wieder in die Tiefe. So konnte es nicht weitergehen. Irgendetwas musste es schließlich geben, das mir helfen würde, mit mir zurechtzukommen.

Der Basiskurs von Martins Energieschule kam mir immer öfter in den Sinn. Vielleicht war es an der Zeit, selbst dorthin zu fahren? Mir ging es jetzt nicht mehr darum, neue Techniken zu lernen, oder darum, mitreden zu können. Ich wollte diesen Kurs für mich machen. Ängste betreffend Anreise, Essen, fremde Menschen etc. konnten mich nicht mehr davon abhalten. Kaum hatte ich diesen Entschluss gefasst, kam mir die Energieschule richtiggehend entgegen: Es wurde der erste Kurs in Österreich angeboten.

Widerstand ist zwecklos

Ich bin also wirklich im Basiskurs. Einen Tag früher als alle anderen Teilnehmer und Teilnehmerinnen. Thomas ist Teamleiter und ich bin gleich mit ihm mitgefahren. Diese vorzeitige Anreise und unser Hund Wodka sind die beiden großen Ausnahmen, die für mich gemacht werden. Aber damit hat es sich auch schon. Martin freut sich zwar, dass ich den Kurs besuche, hat aber Bedenken, dass die Anwesenheit von Thomas mich von meinem Prozess abhält.

Von welchem Prozess? Wie so oft von jetzt an verstehe ich nicht, was Martin wirklich meint.

Er legt uns nahe, dass Thomas und ich für diese Woche so tun sollten, als würden wir einander nicht kennen.

Von mir aus. Ich ziehe mich in mein Zimmer zurück. Müdigkeit ist da, aber auch Aufregung. Warum eigentlich? Was soll ich hier gezeigt bekommen, das ich nicht schon weiß? Ich habe doch schon alles probiert. Nichts hat geholfen und wenn, dann nicht lange.

Meine Schwere hatte mich wieder ganz fest im Griff. Schon Wochen vor dem Kurs war sie immer lauter geworden. Mir war damals noch nicht bewusst, dass es ein ganz natürlicher Prozess war, in dem ich mich befand. Der Kurs begann schon im Vorhinein zu arbeiten und brachte die Themen an die Oberfläche. Natürlich wollte ich all diese schweren Gefühle weder haben noch spüren. Nicht verwunderlich also, dass ich am nächsten Tag bei der Vorstellungsrunde so überhaupt nicht von dieser Schwere erzählte.

Es sitzen 45 Teilnehmerinnen und Teilnehmer im Kreis. Martin, Thomas und zwei Assistenten hören aufmerksam zu. Ich höre nicht viel. Ich bin mehr damit beschäftigt, mir zu überlegen, was ich denn sagen soll. Mein Herz klopft wie verrückt. Lächerlich, denn ich brauche nur meinen Namen zu nennen und ein paar Sätze zu sagen. Ich sei hier, weil ich die Techniken erlernen möchte, um sie dann mit Yoga und Nuad kombiniert anzuwenden, erkläre ich so selbstsicher wie nur möglich und bin danach noch aufgeregter.

Als Nächstes sollen wir unsere drei größten Probleme aufschreiben. Mein Kopf ist leer. Ich habe keine Ahnung, was ich aufschreiben soll. Irgendwelche Themen fallen mir dann mühsam ein. Aber ob das die richtigen sind? Um mich herum scheinen alle genau zu wissen, welche Probleme für sie die größten sind. Ich fühle mich nicht wohl in meiner Haut.

Es wird schlimmer. Wir müssen jetzt ein Naturbild bauen, um unsere Probleme auf eine bildliche Ebene zu bringen. In mir herrscht nur Widerstand. So ein Kinderkram. Lustlos schlendere ich über den Parkplatz, der mit Steinen bedeckt ist. Welche Steine soll ich denn aussuchen? Es gibt so viele. Sollen sie mir gefallen? Sollen sie schön sein oder hässlich? Wie gerne würde ich jemanden fragen. Aber genau das bringe ich nicht fertig. Ich kann nicht bereits bei der ersten Aufgabe anstehen. Schließlich entscheide ich mich für drei Steine.

Aber jetzt wird es erst richtig schwer. Als Grafikerin bin ich es gewohnt zu gestalten. Das ist hier aber nicht gefragt. Nur wie soll ich das ablegen? Die anderen sind eifrig am Arbeiten. Sie scheinen alle genau zu wissen, was zu tun ist. Das verunsichert mich noch mehr und der Druck wächst. Mein Naturbild wird zu einem einzigen Problem. Schließlich baue ich einfach irgendetwas irgendwohin. Als es zu regnen anfängt, flüchte ich Richtung Seminarhaus.

Alex, ein Freund von mir, der auf diesem Kurs als Assistent arbeitet, kommt mir entgegen. Die Schwierigkeiten von vorhin platzen gegen meinen Willen aus mir heraus. Das sei vielleicht überhaupt ein Problem von mir, da stecke ein Thema dahinter, meint Alex. Ich fühle mich vollkommen missverstanden. Gekränkt und verärgert lasse ich ihn stehen.

Natürlich hatte Alex recht. Er sah, dass ich von einem Thema ins nächste stolperte: die Angst, Schwäche einzugestehen; die Angst, etwas falsch zu machen; das ewige Vergleichen mit den anderen, wobei ich immer den Kürzeren zog; und ganz besonders die Unentschlossenheit, was ich überhaupt machen sollte ...

Ich freilich war im Widerstand und hatte damals für all das eine ganz einfache Erklärung: Das Naturbild war eine seltsame Aufgabe und ganz einfach unnötig. Alex war seltsam und hatte das Falsche gesagt. Kurz: Alle anderen waren schuld.

Wer seine Themen vorlesen möchte, fragt Martin. Na, ich sicher nicht, denke ich und versuche, in den Hintergrund zu verschwinden. Es meldet sich eine Frau, die mir kurz davor aufgefallen ist. Ihr erstes Thema lautet: Kinder – ja oder nein? Sie wisse einfach nicht, was sie wirklich wolle.

Ich bin sprachlos und weiß nicht, was mich mehr verwundert: dass sie den Mut besitzt, das Thema vor so vielen Fremden auszusprechen, oder dass sie genau mein Thema genannt hat? Mein Erstaunen wird noch größer, als sie mir als Partnerin zugeteilt wird. Wir sollen die Themen miteinander besprechen. Ihr vertraue ich an, dass ihr Thema auch meines ist. Während ich darüber spreche, unterbricht sie mich plötzlich und meint: „Für mich spürt sich das so an, als würdest du nur schwanger werden wollen, um zu beweisen, dass du eine Frau bist."

Das trifft mich vollkommen unerwartet und Mitten ins Schwarze. So habe ich das noch nie gesehen. Aber ich schaffe es nicht, mir das einzugestehen, und schon gar nicht, es meinem Gegenüber zu sagen. In diesem Moment verschließe ich mich.

Seit meiner Pubertät stand ich mit dem Frausein auf Kriegs-
fuß. Ich war immer schon sehr groß, sehr schlank, hatte kurze
Haare und betonte mit meiner Kleidung das Androgyne. Spä-
ter, so zwischen 20 und 30, störte es mich, wenn man mich
mit „junger Mann" ansprach. Da hätte ich gerne als junge
Frau gewirkt. Aber irgendetwas ließ es nicht zu, mich weibli-
cher zu geben. Jetzt war ich über 30 und noch immer passierte
mir die Anrede „junger Mann". Jetzt verletzte sie mich, denn
sie gab mir das Gefühl, hässlich zu sein. Die Sehnsucht, von
der Welt als Frau gesehen zu werden, war groß. Allein den
Weg dorthin schien es für mich nicht zu geben. Nicht in so
einem Körper, nicht mit dieser Körpergröße.

Jetzt sprach jemand aus, was so deutlich zu sehen war,
legte den Finger in meine Wunde und wollte mir helfen, diese
Wunde zu heilen.

Nach der Mittagspause ist es endlich so weit. Wir lernen, wie
man in der Energie des anderen arbeitet. Ich bin aufgeregt.
Wird es bei mir funktionieren?

Wir kommen mit den Partnern von vorhin zusammen. Meine
Partnerin will anfangen und lässt mich über mein Thema, das
Kinderkriegen, reden. Doch jetzt bin ich auf der Hut, weiche
ihr aus, lasse sie nicht an mich heran. Irgendwo erwische ich
ein bisschen Gefühl, puste das in den Stein und lege mich hin.

Im ganzen Raum sind Rasseln zu hören. Plötzlich fängt eine
Teilnehmerin an, laut zu schluchzen. Auch direkt neben mir
weint jemand. Ich spüre nichts. Hin und wieder pustet die Teilnehmerin über meinen Körper. Es ist alles recht unspektakulär.
In mir steigen Zweifel auf. Gegen Ende der Sitzung bin ich
überzeugt, dass meine Kollegin es nicht richtig gemacht hat.

Statt mir eine große und tiefe Wunde einzugestehen, hatte ich
mich meinem wahren Gefühl gegenüber verschlossen. Dem-
entsprechend war dann auch die Wirkung dieser Sitzung. Es

gab keinen großen Unterschied zwischen vorher und nachher. Wie denn auch?

Es wird gewechselt. Die Teilnehmerin beginnt von ihrem Problem zu erzählen. Sie hat sich schon viel dazu überlegt, ist sehr kopflastig, dreht sich im Kreis. Trotzdem spüre ich ganz genau, wo ich sie hinführen muss. Alles geht wie von selbst. Intuitiv weiß ich, was zu sagen ist. Ich befinde mich auf vertrautem Boden. Während ich in der Energie arbeite, gibt es keine Fragen und keine Unsicherheit. Es ist so einfach, so natürlich. Nach der Sitzung fühle ich mich frei und voller Kraft. Die ganze Welt könnte ich umarmen, denn ich habe das Gefühl, nach einer langen Reise endlich zu Hause angekommen zu sein.

Abends wird eine Feuerzeremonie veranstaltet. Es dauert lange und das Lied, das wir ohne Pause singen, finde ich seltsam. Die Worte entfallen mir immer wieder. Ich singe irgendetwas, komme mir blöd vor und mir ist kalt. Mein Hochgefühl ist wieder dahin.

Später, unter der heißen Dusche, spüre ich, wie es in meinem Brustkorb drückt und schmerzt. Etwas will heraus. Ich suche nach einem Lied, das mir hilft, diesen Druck zu lösen. Musik war schon immer das Tor zu meiner Seele. Aber es ist wie verhext. Keine einzige Melodie kommt mir in den Sinn.

Als ich endlich im Bett liege, bin ich davon überzeugt, dass dieser Kurs sehr seltsam und ganz bestimmt unnötig ist. Mir wird er jedenfalls nicht helfen.

Todmüde liege ich da und finde doch keinen Schlaf. Mein Herz rast. Mein Körper glüht. Fenster kann ich keines öffnen, denn meiner Zimmergenossin ist kalt und sie hat sich in langer Unterwäsche unter zwei Decken verkrochen. Abgedeckt liege ich da, starre in die Dunkelheit und weiß nicht, wie ich diese Nacht überstehen soll.

Am nächsten Tag wache ich gerädert auf. Trotzdem rolle ich meine Matte aus und praktiziere Yoga. Mit dieser Gewohnheit will und kann ich auch auf dem Basiskurs nicht brechen. Schon deswegen nicht, weil hier die Verpflegung so gar nicht dem entspricht, was ich gewohnt bin und was ich benötige, um gesund zu bleiben. Wie das mein Körper aushalten soll, weiß ich nicht. Wenn ich jetzt auch noch Yoga auslassen würde, kann alles nur noch schlimmer werden, flüstert mir meine Angst zu.

Was heißt hier: „flüstert mir meine Angst zu" – sie schrie in mir. Ich war wirklich davon überzeugt, dass eine Woche „falscher" Ernährung meinen gesamten Energiehaushalt zusammenbrechen lassen, ja, mich kaputt machen würde. Mein Schwachpunkt war die Verdauung (zwei Mal bereits hatte ich Candida gehabt, ich litt unter Allergien etc.). Über Jahre schon lebte ich mit einer langen Liste an Verboten und hielt streng Diät (kein Getreide, kein Zucker, keine Milchprodukte). Essen zu gehen war kaum möglich. Bei Einladungen und Feiern wurde es dadurch für mich sehr kompliziert. Was ich essen durfte, war für die meisten ein Spanisches Dorf. Einmal mehr fühlte ich mich an den Rand gedrängt und als Außenseiterin abgestempelt.

Nach langen Jahren konsequenter Ernährung und auch durch die positive Wirkung von Yoga hatte sich alles so weit stabilisiert, dass ich mich in meiner Haut wohlfühlte. Hielt ich mich jedoch nicht an die „Vorschriften", geriet ich seelisch und körperlich schnell ins Ungleichgewicht. So hatte es mir das Leben in den letzten Jahren gezeigt. Diese Kurswoche kam mir wie eine Lebensbedrohung vor.

Wieder erkannte ich die Angst, die ich bei einer Sitzung hätte anschauen können, nicht als solche. Wieder war das Problem nur im Außen zu finden. Folglich war auch am folgenden Tag mein Thema für die nächste Sitzung so unbedeutend, dass ich es heute nicht einmal mehr weiß. Auch diese Sitzung hinterließ keinen Eindruck bei mir. Das Arbeiten hingegen erfüllte mich wieder sehr. Meine Partnerin war nach ihrer Sitzung tief bewegt. Ich beneidete sie um ihre Erfahrung, erwähnte es ihr gegenüber aber mit keinem Wort, sondern kam an diesem Tag zu der traurigen Überzeugung, dass mir offensichtlich wirklich niemand helfen konnte.

Ich komme vom Abendspaziergang mit meinem Hund zurück. Dass ich ihn bei mir habe, ist ein großer Trost. So fühle ich mich nicht so allein. Als ich gerade zum Seminarzentrum gelange, fängt es plötzlich an zu schütten. Rasch stelle ich mich unter einen Dachvorsprung. Hinter der Wand befindet sich unser Vortragsraum. Zur Hälfte ist er wie ein Wintergarten verglast. Von meinem Platz aus kann ich in eine Ecke des Raumes sehen. Martin und sein Team bereiten den Raum für eine Zeremonie vor, die noch an diesem Abend stattfinden soll. Als das Prasseln des Regens aufhört, dringt Musik zu mir. Da kommt auch Thomas in mein Blickfeld. Nicht nur die Glasscheibe scheint uns voneinander zu trennen. Er ist so weit weg. Ich kann ihn nicht mehr fühlen. Zwei Tage bin ich jetzt hier und mein Leben mit ihm scheint nicht mehr zu existieren. Da ist nichts, was uns verbindet. Auch unser Hund scheint das zu spüren und weicht mir nicht von der Seite.

Als ich mich gerade entschließe, ins Haus zu gehen, beginnt ein Lied, das Thomas und mir viel bedeutet. Mein Herz verkrampft sich und ich heule los. Die Einsamkeit ist plötzlich unerträglich. Ich fühle mich abgeschnitten von allem. Neben meinem Hund hockend warte ich, bis die Tränen aufhören. Dann husche ich in mein Zimmer.

So heftig mich damals das Gefühl übermannt hatte, so wenig hatte ich verstanden, was da gerade mit mir passierte. Es war mir nicht neu, mich von allen getrennt zu fühlen. Das Gefühl der Einsamkeit, das Gefühl, nicht verstanden zu werden, niemanden zu haben, der mich verstehen könnte – dieses Gefühl begleitete mich schon so lange, gehörte schon so fest dazu, dass es wie ein Teil von mir war. Ich kannte mich nicht anders. So war ich eben.

Damals verstand ich noch nicht, zwischen mir und meinen energetischen Wunden zu unterscheiden. Denn meistens war irgendeine Wunde aktiv. Ich agierte sehr oft aus einer Verletzung heraus, aus einer Angst oder aus einer Wut. Selten war Ruhe in mir. Selten waren meine Handlungen nicht gesteuert von alten Zwängen und Mustern.

Ich kam also gar nicht auf die Idee, diesen Kummer, der mich da eben überwältigt hatte, als etwas zu erkennen, das ich auflösen und loslassen konnte. Wenn ich mich damals jemandem anvertraut hätte, dann hätte mich vielleicht der- oder diejenige auf diese Wunde hinweisen können. Ich sprach aber mit niemandem darüber, sondern behielt den Kummer für mich.

45 Teilnehmerinnen und Teilnehmer gab es. 45 Menschen, die ihre Probleme hatten, die sich untereinander austauschten, sich ineinander spiegelten, um sich selbst besser zu verstehen. Nur ich behielt meine Probleme für mich. Aber das tat ich nicht mit Absicht. Auch da steckte ein tiefes Thema dahinter. Immer schon war ich die „Große" gewesen, immer schon hatte man von mir mehr verlangt, weil ich ja schon so groß war. Dann war ich auch noch ein Lehrerkind, das musste natürlich auch immer alles schon können. Ich war es gewohnt, für andere da zu sein und ihnen zu helfen. Mich klein und schwach, unsicher und hilflos zu zeigen, gab es in meinem Programm nicht.

So kam ich gar nicht auf die Idee, dass auch mir eine andere Person hätte helfen können. Wie denn auch? Noch dazu hatte ich bereits so vieles versucht und so viel an mir gearbeitet. Wer könnte mir da bitte etwas Neues über mich erzählen?

Zum Glück sollte der Kurs noch so manches für mich bereithalten. Im Nachhinein kam es mir so vor, als hätte jemand

Regie geführt. Nichts schien dem Zufall überlassen gewesen zu sein. Eines hatte unweigerlich zum anderen geführt.

Die Zeremonie ist vorüber. Gegen meinen Willen hat sie mich tief berührt. Während die meisten bereits den Raum verlassen, sitze ich immer noch da und genieße das Glücksgefühl in mir. Schließlich stehe auch ich auf. Martin und sein Team stehen an der Tür. Wie aus heiterem Himmel fühle ich Befangenheit. Meine Leichtigkeit ist verschwunden. Ich weiß nicht, wo ich hinblicken soll, und zwänge mich rasch vorbei. Hinter mir umarmt eine Teilnehmerin Martin lachend. Sie strahlt, ist ungezwungen und fröhlich. Ob sie mir ein Bier bringen solle, ruft sie mir übermütig zu.

Mit einem Mal fühle ich nur Schwere in mir. Alles ist mir zu viel, zu laut, zu lustig.

Was los sei, will meine Zimmergenossin wissen.

„Nichts, ich bin nur müde", bringe ich mühsam hervor.

Ob das denn wirklich stimme, fragt sie nach und sieht mich prüfend an.

Da kommen mir die Tränen. Alle sind fröhlich. Alle sind frei. Nur ich kann es nicht sein. Schwere und Dunkelheit sind in mir.

„Soll ich dir eine Sitzung geben?"

Ich nicke, doch nur aus Höflichkeit, will ihr gut gemeintes Angebot nicht ablehnen. Wieder bin ich mir sicher, dass mir niemand helfen kann.

Wir suchen uns einen freien Raum.

„Wie geht es dir?"

Wie es mir geht? Ich will antworten, kann aber kaum atmen. Es steckt etwas in meinem Brustkorb. Es wird immer enger in mir. Es fühlt sich so an, als würde ich daran ersticken. Ich ringe nach Luft. Panik steigt auf. Dann bricht es aus mir heraus. Ein Schrei. Ein Schluchzen. Die Traurigkeit der ganzen Welt scheint in mir zu sein.

„Leg dich nieder." Sanft werde ich zurückgedrückt.

Ich fange an zu zittern. Mir wird immer kälter. Mein Körper wird von einer Art Schüttelfrost erfasst. Kaum habe ich mich beruhigt, verkrampft sich mein Körper wieder. Ich will das nicht, will die Kontrolle über meinen Körper haben. Die Sitzung scheint nie enden zu wollen. Irgendwann lasse ich das Zittern zu, lasse es einfach sein. Ich warte nicht mehr darauf, dass sich etwas ändert.

Von unten dringt Discomusik zu uns herauf. Es sind Lieder aus den 80ern. Die vertraute Musik bringt mich in die Zeit von damals. Mir wird plötzlich klar, dass ich schon damals nicht frei gewesen bin. Nie bin ich der lustige, übermütige Teenager gewesen, der froh die Fülle des Lebens auskostet. Nein, auch da bin ich verkrampft, verklemmt und voller Ängste gewesen. Auch da hat es schon dieses Etwas gegeben, das mich so ernst und schwer gemacht hat. Meine Kollegin pustet mir unerwartet über meine Stirn. Ich schrecke zusammen und kann auf einmal vollkommen ruhig daliegen.

Dann muss ich an mein Pferd denken, das vor drei Jahren gestorben ist. Meine Augen sind geschlossen. Dennoch sehe ich, wie aus meinem dritten Chakra etwas aufsteigt. Es sieht aus wie ein dünner Plastikschlauch, der von innen her golden leuchtet. Instinktiv weiß ich, es ist eine Verbindung, die zu meinem geliebten Pferd führt. Mir wird klar, dass es Zeit ist, endlich loszulassen. Ein letztes Mal bedanke ich mich bei ihm. Da wird über meinen Bauch gepustet und im selben Moment löst sich die goldene Schnur von mir und entschwebt.

„Du kannst dich jetzt wieder bewegen und die Augen öffnen", holt mich die sanfte Stimme meiner Kollegin ins Jetzt.

Ich atme tief ein. Mein Brustkorb fühlt sich unendlich weit an. Aus dem unteren Stock tönt nach wie vor laute Musik. Offensichtlich wird da gefeiert. „Hey, Pippi Langstrumpf, trallali trallala …" – ich muss lachen.

In dieser Nacht schlafe ich fast gar nicht. In meinem Körper zischt Energie herum. Mein Brustkorb scheint die Fülle an

Gefühlen nicht mehr halten zu können. Liebe, Glückseligkeit und Freude scheinen mich fast zerspringen zu lassen.

Am nächsten Tag dauert es nicht lange, bis all diese Hochgefühle wieder verschwunden sind. Ein Blick von Martin oder ein paar Sätze, mit einer anderen Teilnehmerin gewechselt, reichen aus, um eine dicke Wolkenschicht über meine Lebensfreude zu legen. Unsicherheit, Ängste und Zweifel an mir selbst breiten sich aus. Vorbei ist es mit der Leichtigkeit. Es gibt so vieles, was eine meiner alten Wunden aktiviert, und dann gibt es nur mehr Kampf. Kampf gegen das schwere Gefühl, das ich nicht haben will, Widerstand gegen jede Aufgabe, die uns gestellt wird, und natürlich: Kampf gegen Martin.

Wenn ich diese Kraft für etwas anderes verwenden könnte, sagt er einmal zu mir, nachdem er mich als Kämpferin bezeichnet hat, wenn mir also diese Kraft für etwas anderes zur Verfügung stünde, was da alles entstehen könne ...

Wieder verstehe ich ihn nicht, beiße zurück, wehre mich, spüre nur Angriff und gehe in Verteidigungsstellung. Mein ganzes Leben habe ich gekämpft. Immer bin ich bis an die Zähne bewaffnet. Sogar hinter einem Kompliment vermute ich eine böse Absicht.

Wieder komme ich nicht auf die Idee, all das als Wunde zu erkennen, als etwas zu erkennen, das man heilen kann. Denn so bin ich schon mein ganzes Leben. Das bin doch ich.

„Jetzt gibt's endlich mal wieder Musik!", beendet Martin seinen Vortrag am Abend und gleich darauf dröhnt Salsa aus den Lautsprechern. Die meisten scheinen nur darauf gewartet zu haben. So ist der Raum in Sekundenschnelle voll mit tanzenden Menschen. Ich stehe betreten herum. Das ist ja wie auf einer Schulskiwoche. Dort hat es auch solche Tanzabende gegeben. Es war damals schon schlimm für mich, jetzt ist es mir noch peinlicher. Ich weiß nicht, was ich tun soll. Ich kann nicht so tanzen. Paartanz ist etwas anderes. Das macht mir Spaß. Aber so frei herumhüpfen, sich irgendwie zur Musik zu bewegen, ist mir einfach nicht möglich, konnte ich nie. Ich weiß einfach nicht, welche Bewegungen ich machen soll. Verklemmt stehe ich da und schaue den anderen Frauen zu. Die haben Spaß, ihren Körper zu zeigen, sich zu zeigen. Sie scheinen die Musik zu werden und mit ihr zu verschmelzen.

Es haben sich auch Pärchen gebildet. Das ist die Lösung! Ich blicke mich nach Thomas um und finde ihn tanzend in den Armen einer Teilnehmerin. Da sehe ich Rot. Einen einzigen freien Mann gibt es noch: Martin. Entschlossen steuere ich auf ihn zu und fordere ihn zum Tanzen auf. Was er dann auch tatsächlich tut. Allerdings beendet er nach ein paar Drehungen den Tanz mit den Worten: „Du lässt dich nicht führen" – und geht.

So schnell ich kann, verlasse ich den Raum. Ich bin zutiefst verletzt. Martin hat mich einfach stehen lassen! Mitten im Lied! Mit einem Mal fühle ich mich wie mit 15, 16 Jahren – zu hässlich, zu groß, von keinem Mann begehrt. Damals in der Tanzschule habe ich es so richtig zu spüren bekommen: Niemand will mit mir tanzen. Immer bleibe ich über. Ich passe nicht ins Schema. Mädchen haben klein und zierlich zu sein und am besten auch noch langhaarig. Mich will niemand. Auch jetzt nicht. Da ist der Beweis: Ich bin derart nichtssagend als Frau, ja vielleicht sogar derart abstoßend, dass Martin nicht einmal ein Lied mit mir zu Ende tanzen will.

Aber wie hatten seine Worte genau gelautet? „Du lässt dich nicht führen."

Er hatte nichts von alldem gesagt, was sich damals in meinem Kopf abspielte. Hätte ich diese Wunde nicht gehabt, hätte der Satz bei mir nichts ausgelöst. Ja, ich hätte vielleicht sogar darüber lachen können. Noch dazu hatte Martin ja recht gehabt. Ich ließ mich damals beim Tanzen wirklich nicht führen. Dass ich mich nicht führen lasse, traf übrigens auch auf mein Verhalten im Seminar zu. Um das zu erkennen, gab es in diesem Moment allerdings keinen Raum. Denn ich war mit dieser großen Wunde eins geworden, schäumte vor Wut und badete im nächsten Moment in Traurigkeit.

Die besten Voraussetzungen für eine Sitzung, bei der es so richtig krachen würde, wenn man so weit ist, das alles als Thema zu erkennen. Tat ich aber nicht. So ging die Chance, die mir das Leben geschenkt hatte, um endlich dieses alte Drama loszulassen, ungenützt vorüber.

Hätte ich jemandem erzählt, was mir eben passiert war, dann hätte mein Gegenüber wahrscheinlich erkannt, was da gerade abging. Mein Stolz ließ aber nicht zu, dass ich darüber sprach. Außerdem war Martin schuld. Wie konnte er so mit mir umgehen!

Etwas in mir ging in diesem Leiden so richtig auf. Diese Traurigkeit, dieser alte Schmerz. Alles war mir so vertraut. Ich war der Schmerz. Ich war die Traurigkeit. Niemand verstand mich. Ich war so allein. Ich tat mir so leid.

Der nächste Tag. Gleich beim Aufwachen bin ich angespannt, fange an zu schwitzen und fühle mich in meiner Haut überhaupt nicht wohl. Am liebsten würde ich weglaufen. Ich will meine Ruhe, will mich irgendwohin zurückziehen, will niemanden sehen, schon gar nicht Martin. Ihm gehe ich aus dem Weg. Hin und wieder spüre ich seinen Blick. Ernst und prüfend kommt er mir vor. Er gibt mir das Gefühl, Martin wisse etwas über mich, das ich nicht weiß, aber wissen sollte.

Wir lernen eine weitere Technik und sollen diese mit einem neuen Partner üben. Rasch finden sich die Paare. Nur ich bleibe über. Ich muss mich einem Pärchen anschließen – wie es mir früher in der Tanzschule immer passiert ist …

Das Arbeiten mit der neuen Technik erfüllt mich einmal mehr mit Begeisterung. Es fasziniert mich, wie einfach und wie effektiv sie ist. Für schwere Gedanken und Gefühle ist kein Platz mehr in mir. Aus diesem Wohlgefühl heraus frage ich einen Teilnehmer, ob er mit mir die nächste Sitzung machen möchte.

Bisher hatte ich nur mit Frauen gearbeitet. Bevor es so weit ist, sollen wir uns mit geschlossenen Augen hinsetzen. Es ist angenehm still im Raum. Die Sonne scheint durch die großen Glasflächen. Ich fühle mich wohl und geborgen. Da erklingt Musik. Bereits an den ersten Tönen erkenne ich „unser" Lied. Thomas' und mein Lied, das mich ein paar Abende zuvor so zum Weinen gebracht hat. Laut erfüllt es jetzt den Raum und ich weiß nicht, wie ich es überstehen soll. Am liebsten würde ich aus dem Raum flüchten. Doch es gibt kein Entrinnen. Erbarmungslos singt die wunderschöne Frauenstimme von ihrem Leid: verflossene Liebe, verlorene Träume, der Glaube ans Gute und das Erwachen in der trostlosen Realität – „Now life has killed the dream I dreamed …"

Jedes Wort trifft eine Wunde. Mein Körper will sich zusammenkrümmen und sich ganz dem Leid hingeben.

„Atmen", erinnert die ruhige Stimme von Martin.

Ich versuche mich auf die Atmung zu konzentrieren. Aber der Sog, der mich in diese riesige Traurigkeit ziehen will, ist stark. Es fühlt sich an, als würde ich gegen etwas kämpfen, das unendlich viel Kraft hat. Wenigstens kann ich verhindern, dass ich zu schluchzen beginne. Endlich ist das Lied zu Ende. Ich bin fix und fertig. Mir kommt es wie gerufen, dass wir jetzt sofort eine Sitzung bekommen.

Müde und mit tränennassem Gesicht sitze ich da und kann keinen klaren Gedanken fassen. Wie soll ich dem fremden Mann neben mir erklären, was ich selbst nicht verstehe? Mein Leben ist nicht zerstört und wie die Hölle. Weder bin ich ungeliebt noch allein. Ich verstehe das alles nicht. Momentan ist die Traurigkeit auch gar nicht mehr wirklich stark …

„Puste deinen Kummer in den Stein", unterbricht mich mein Partner sanft.

Während ich mit geschlossenen Augen daliege, kommt mir die Musik wieder in den Sinn und meine Tränen fließen erneut. Jahrelang aufgestauter Kummer scheint wachgerüttelt. Ich weine und weine. Endlich darf das alles heraus, ohne erklären zu müssen, ohne verstehen zu müssen, darf ich weinen.

Ich habe das Zeitgefühl verloren. Meine Tränen sind versiegt. Meinen Körper spüre ich nicht mehr. Ich könnte für immer so daliegen. Da beginnt sich ein Gefühl der Wärme in meinem Solarplexus auszubreiten. Es fühlt sich so an, als würde mir an genau dieser Stelle meines Körpers leuchtend warme Energie eingefüllt.

Als die Sitzung vorbei ist, sehe ich, dass wir die Letzten im Raum sind. Alle anderen sind bereits draußen beim Abendessen. Das Seminarzentrum ist neu und hat noch nie eine so große Gruppe beherbergt. Gestern gab es nicht genug zu essen. Zwei Teilnehmer, die später kamen, gingen leer aus.

Ich bin immer hungrig und habe immer Angst, zu wenig zu bekommen. Aber jetzt denke ich nicht ans Essen. Wir sitzen still beisammen. Ich brauche nichts. Ich bin satt geworden. Es fühlt sich so an, als wäre tief in mir etwas endlich satt worden.

Die Angst zu verhungern ist seit damals weg. Was da noch alles dazugehörte, habe ich erst im Laufe der nächsten Tage und Wochen so richtig erfasst. Gleich am nächsten Tag saß ich nur mit männlichen Teilnehmern an einem Tisch. Zum ersten Mal unterhielt ich mich vollkommen ungezwungen mit Männern. Ich fühlte mich wohl in meiner Haut und erwartete keinen Angriff. Im Moment war mir das Besondere dieser Situation gar nicht bewusst. Erst zu Hause fiel mir auf, wie neu, wie außergewöhnlich es gewesen war.

Wir lernen, wie man eine Fernsitzung gibt. Am anderen arbeiten, auch wenn er oder sie nicht persönlich anwesend ist: Wie soll das funktionieren? Viele von uns sind skeptisch, manche unsicher, die meisten können sich nicht vorstellen, wie das wirken soll. Ich bin gespannt und freue mich, dass ich diese Technik endlich erlernen darf. Das Vorgespräch erfolgt noch von Angesicht zu Angesicht – man hätte aber auch da schon in getrennten Räumen sitzen können –, anschließend legen sich die einen nieder, die anderen suchen sich irgendwo im Seminarhaus einen Platz und beginnen mit der Arbeit in der Energie. Ich begebe mich ins Nebengebäude und setze mich in mein Zimmer. Erstmals bin ich bei der Sitzung ganz allein im Raum. In dieser Stille und Einsamkeit fällt es mir noch viel leichter, mich zu konzentrieren. Diese Sitzung ist geprägt von Klarheit und Intensität der Bilder und Gefühle, die mir begegnen.

Zurück im Seminarraum sehe ich viele helle Gesichter. Meine Partnerin wartet mit strahlenden Augen auf mich. Für sie sei es die intensivste Sitzung der ganzen Woche gewesen, gesteht sie mir, und sie berichtet, was sie hier im Liegen alles erlebt hat. Dann erzähle ich, was mir begegnet ist. Alles ist so fantastisch, ja fast unglaublich. Hätten wir es nicht beide eben erlebt, wir würden es nicht glauben.

Für viele ist es die heftigste Sitzung überhaupt. Alle berichten begeistert, wie intensiv sie sowohl das Geben als auch das Nehmen wahrgenommen haben. Alle haben wir den Beweis bekommen: Wir sind energetisch miteinander verbunden. Wahre Trennung gibt es nicht.

Es wird gewechselt. Jetzt habe ich wieder eine Chance, mir eine tiefe Wunde einzugestehen, und dieses Mal ergreife ich sie. Ist es die Wirkung der eben gegebenen Sitzung oder ist es mein liebevolles Gegenüber oder die Tatsache, dass meine Partnerin mir zuvor selbst eine ganz tief sitzende Wunde gezeigt hat? Was es auch immer ausgelöst hat – mir ist es auf einmal möglich, von einem ganz großen Kummer zu sprechen: meinen schwitzenden Händen und Füßen.

Beim Abendspaziergang mit meinem Hund gehe ich unter sternenklarem Himmel einen Feldweg entlang. Ich spüre unendlich viel Kraft in meinem Körper. Da gibt es nichts, was mir etwas verbietet, was mich einschränkt oder zurückhält. Mir ist, als läge mir die ganze Welt zu Füßen und ich kann endlich,

endlich anfangen zu leben. Mein Körper kann die Glücksge-
fühle nicht mehr für sich behalten und ich fange lauthals an
zu singen:

> *For too many mornings*
> *The curtains were drawn.*
> *It's time they were opened*
> *To welcome the dawn.*
> *A voice deep inside*
> *Is getting stronger*
> *I can't keep it quiet any longer.*
> *No matter what happens,*
> *It can't be the same anymore.*

Vor der Feuerzeremonie sollen wir das Naturbild auflösen und
alles der Natur zurückgeben. Die Steine können wir, wenn
wir wollen, mitnehmen. Für das Feuer sollen wir zwei kleinere
brennbare Teile mitbringen. Ich entscheide mich für Zweige.
Oder hat es geheißen drei Teile? Sicherheitshalber nehme ich
noch ein drittes Holzstück. Als ich ins Haus gehe, begegnet
mir Alex. Er bestätigt mir, dass wir nur zwei Stücke brauchen.
Ohne viel zu überlegen, werfe ich eines der drei Holzstückchen
über meine Schulter.

„Na, das war aber eine schnelle Entscheidung", ruft Alex
und sieht mich überrascht an.

Ich beginne zu lachen und kann gar nicht mehr aufhören.
Lachend geselle ich mich zu den anderen und stecke sie mit
meinem Lachen an. Was denn so lustig ist, will jemand wissen.
Aber ich kann es vor lauter Lachen nicht erzählen.

Nach der Feuerzeremonie wird gefeiert. Diesmal verkrieche
ich mich nicht in meinem Zimmer. Nein, ich bin mit dabei und
wage mich sogar auf die Tanzfläche. Für zwei oder drei Lieder
kann ich dem Rhythmus nicht widerstehen und befinde mich,
zu meiner eigenen Überraschung, mitten unter den Tanzenden. Auf einmal gehöre ich dazu. Jetzt erst wird mir klar, dass

es mich schon immer auf die Tanzfläche gezogen hat. Aber meine Ängste haben es mir unmöglich gemacht. Ich habe den Spieß einfach umgedreht und mir eingeredet, dass ich das alles lächerlich fände und überhaupt nicht tanzen wolle. Wie ich mich bewegen soll, weiß ich zwar noch immer nicht, aber es ist mir egal. Ich tanze.

Sehr spät bin ich dann im Bett. Putzmunter liege ich da und in mir lacht es die ganze Zeit. Ich bin so glücklich, spüre so viel Energie und habe auf einmal Lust aufs Leben. Es kommt mir so bunt und so vielversprechend vor. Ich will jetzt nicht schlafen. Ich will leben!

Zum ersten Mal ist keine Angst im Hintergrund. Auch habe ich keine Angst, dass ich dieses wunderschöne Gefühl wieder verlieren könnte. Denn jetzt weiß ich, was zu tun ist. In dieser Woche habe ich es so intensiv und hautnah erlebt: Die Schwere kann aufgelöst werden und gibt Raum für mehr Lebensenergie. Sollte sich also wieder Schwere in mein Leben schleichen, dann weiß ich, dass ich Zugriff auf eine alte Verletzung habe, damit aber auch gleichzeitig auf den Schlüssel zur Heilung. Es ist so einfach.

Der Kurs ist zu Ende. Von manchen fällt das Abschiednehmen besonders schwer. Wir sind einander nahegekommen in dieser intensiven Zeit. Freundschaften sind entstanden. Aber es gibt den nächsten Kurs, bei dem man sich vielleicht wiedersieht. Vor allem gibt es jetzt über ganz Österreich und Deutschland verteilt Menschen, die man um eine Sitzung bitten kann, wenn sich ein Thema breitgemacht hat.

Als alle Teilnehmer und Teilnehmerinnen abgefahren sind, wird Thomas wieder zu „meinem" Thomas. Jetzt kann es nach Hause gehen. Es gibt nur den einen Wunsch in mir: diese wunderbare Hilfe anderen zur Verfügung zu stellen. „Na, dann leg los und gib Sitzungen!", sind die Abschiedsworte von Martin.

· ℰℐℴ ·

Los geht's!

Mein Koffer stand noch im Vorzimmer, als ich meine erste Fernsitzung gab. Eine Freundin rief an und ihre Schwere war gleich bei der Begrüßung spürbar gewesen. Anstatt wie früher stundenlang zu reden, schlug ich ihr eine Sitzung vor. Zu meiner großen Überraschung und Freude willigte sie sofort ein.

In den Tagen nach dem Kurs fühlte ich mich wie früher in den Sommerferien. Beim Aufwachen freute ich mich über den neuen Tag und war voll Energie und Leichtigkeit. Ständig hatte ich Lieder im Kopf und sang vor mich hin. Mich zog es auch wieder zum Klavier. In den letzten zwanzig Jahren war das Klavier zum Möbelstück degradiert worden. Hin und wieder hatte ich zwar den Wunsch verspürt zu spielen, war mir aber gar nicht sicher, ob das Klavierspielen überhaupt meine Sache war. Jetzt holte ich die alten Noten heraus und fing wieder an. Ich konnte kaum noch etwas. Aber das war mir egal. Musik war in mir und wollte gelebt werden.

Auch war die Angst verschwunden, die mir vorschrieb, was ich zu essen hatte. Besser gesagt: was ich alles nicht essen sollte. Ich begann wieder, mir und meinem Körper zu vertrauen, und spürte, was ich wirklich wollte. Das Drama war aus diesem umfangreichen Thema verschwunden. Die Zeit und die Energie, die früher in dieses Thema geflossen waren, konnte ich jetzt anders nutzen. Ich steckte voller Ideen und Lebensfreude.

Einige Wochen später kam unser erster Kinderheiltag. Thomas hatte diese Idee von Martin aufgegriffen: Energieseher, wie wir damals noch hießen, stellten sich einen Tag für Kinder kostenlos zur Verfügung. 120 Kinder waren angemeldet und 20 Kolleginnen und Kollegen standen bereit.

Ich war aufgeregt, neugierig und ein wenig in Sorge. Würde ich das einen ganzen Tag aushalten? Ein Kommen und Gehen von so vielen verschiedenen Menschen? Keine Möglichkeit, mich wirklich zurückzuziehen. Würde mir das nicht alles zu viel werden? Ein Teil von mir ging davon aus, dass ich in kürzester Zeit nervös und durchgeschwitzt sein würde. Es kam hingegen alles ganz anders.

Der Tag wurde zu einem wunderschönen Erlebnis. Die Arbeit mit den Kindern war wesentlich einfacher als mit Erwachsenen. Die kleinen Persönlichkeiten wussten ganz genau, welches Problem sie hatten, und pusteten ohne viele Worte ihren Kummer in den Stein.

Die Sorge der meisten Eltern, dass ihr Kind nicht ruhig liegen bleiben würde, war unbegründet. Jedes meiner Kinder lag genau so lange still, wie es notwendig war. Hatte sich die Blockade gelöst, spürten sie das ganz genau. Ein Mädchen schlug entschieden die Augen auf und sagte zufrieden: „Jetzt bin ich fertig!"

Wir stellten den Kindern frei, ob sie Mutter oder Vater bei der Sitzung dabeihaben wollten. Die meisten entschieden sich dafür, allein mit in den großen Raum zu gehen, wo jeder von uns auf einem bestimmten Platz arbeitete. War das Kind noch so klein, dass es nicht für sich selbst sprechen konnte, kam die Bezugsperson mit herein. Dann wurde an beiden gearbeitet. Babys drücken die Probleme der Eltern über ihren Körper und ihre Gefühle aus. So arbeitet man dann eben an der Mutter oder am Vater und die Probleme des Kindes lösen sich.

Im Vorraum war ein ständiges Kommen und Gehen. Unser Hund Wodka lag, meist umringt von mehreren Kindern, mitten auf dem Teppich und gab sich genießerisch den vielen streichelnden Händen hin. Er war so beliebt, dass die Eltern Schwierigkeiten hatten, ihre Kinder zum Gehen zu überreden.

Als sich hinter den letzten Besuchern die Türe schloss, waren wir erstaunt, dass der Kinderheiltag zu Ende war. Alle hätten gerne noch weitergemacht. Niemand war müde. Meine Sorgen hatten sich allesamt nicht bestätigt. Ich hatte mich den gesamten Tag wohlgefühlt, war in meiner Ruhe gewesen und jetzt einfach nur glücklich.

In einer der nächsten Yogastunden wurde ich auf den Kinderheiltag angesprochen. Nur allzu gern erzählte ich davon und hörte so schnell nicht auf. Denn ich war umringt von neugierigen und aufmerksamen Zuhörerinnen, die immer noch eine Frage stellten. Schließlich stand eine von ihnen mit den Worten auf: „Ich hole jetzt den Tee herein."

Damit war klar, dass an diesem Abend kein Yoga-Unterricht mehr stattfinden würde. Zu meinem Erstaunen war mir das sogar mehr als recht. Ich wollte gerade viel lieber meine Begeisterung über Vesseling teilen, als Yoga zu unterrichten.

Natürlich gab es in der Stunde darauf wieder Yoga. Doch irgendwie war alles nicht mehr wie früher. Der Kurs mit Martin hatte meine Wahrnehmung in Bezug auf mich und auf meine Umwelt grundlegend beeinflusst. In der Energieschule hatte ich etwas sehr Wesentliches erfahren und erlebt: Es gab die Welt der Energie und dadurch die Verbundenheit mit allen Menschen. Zum ersten Mal hatte ich bewusst erfahren, wie sehr mein eigener Körper auf diese Verbundenheit mit anderen reagierte. Das ging von plötzlich auftretendem Schwitzen über Verspannungen bis zum Gefühl von Enge oder Druck auf meinen Brustkorb, was mir oft den Eindruck vermittelt hatte, nicht genug Luft zu bekommen.

Genau genommen kannte ich diese Gefühle schon sehr lange. Früher war die Flucht in Natur und Einsamkeit meine Lösung dafür gewesen. Denn dort war mein Körper entspannt und ich fühlte mich wohl. Aber das Leben hatte mich nicht Höhlenforscher oder Tiefseetaucher werden lassen. Nein, ich hatte täglich Kontakt mit Menschen und wurde somit auch täglich mit diesen für mich so unangenehmen und unerwünschten Gefühlen und Reaktionen des Körpers konfrontiert.

Am schlimmsten war es für mich, wenn ich im Yoga-Unterricht an Händen und Füßen zu schwitzen anfing und diese dadurch feucht und schließlich auch noch kalt wurden. Menschen mit meinen verschwitzten Händen anzugreifen war mir furchtbar unangenehm. Es stresste mich, was alles natürlich nicht einfacher machte. Meistens kam im Laufe des Unterrichts auch wieder Ruhe in meinen Körper. Diese genoss ich dann umso mehr. Aber manchmal blieben die Anspannung und damit auch der Stress bis zum Schluss. Waren alle gegangen, kam die Entspannung in Sekundenschnelle. Hände und Füße waren trocken und wurden warm. Wie oft hatte ich mich gefragt, warum ich so gestresst war. Wie oft war ich verzweifelt gewesen, weil ich das Schwitzen nicht in den Griff bekam. Nie war ich auf die Idee gekommen, mein Körper könnte auf andere Menschen so stark reagieren. Durch den Basiskurs und das intensive Erleben der energetischen Verbundenheit begann ich zu verstehen, warum das alles passierte.

Nur damit ich jetzt nicht falsch verstanden werde – die Erkenntnis lautete nicht: Alle anderen sind schuld, wenn es mir nicht gutgeht, denn ich selbst habe gar keine Probleme. Nein, ich lernte zu verstehen, dass mein Körper ein sehr feines Instrument ist, das auf alles reagiert. So wie ein Seismograf. Diese Erkenntnis half mir, meine unerwünschten Körperzustände aus einem anderen Blickwinkel zu betrachten. Es bedeutete, dass ich es zu einem Teil nicht in der Hand hatte, wie ich mich in einer Yoga-Stunde oder Nuad-Einheit fühlte.

Manche meiner Schülerinnen und Schüler waren am Anfang der Yogastunde mit ihren Problemen, folglich mit ihrer eigenen Schwere, identifiziert. Wenn mehrere Menschen beisammen sind, ergibt das ein Ganzes, die sogenannte Raumenergie oder, wie Martin es nennt, die 2. Dimension. Die ist dann, je nachdem wie viele Menschen gerade in schweren Gedanken schwelgen, mehr oder weniger schwer. Meine feinen Antennen hatten das ungefiltert wahrgenommen und mein Körper hatte immer sofort darauf reagiert. Da mir aber früher nicht klar gewesen war, was da passierte, hatte ich diese Gefühle immer als Angst, Nervosität oder was auch immer interpretiert. Musste ich ja. Wie sonst sollte ich mir den angespannten Zustand meines Körpers erklären?

Wenn sich die Schülerinnen und Schüler im Laufe der Stunde immer mehr auf die Übungen oder auf das Atmen konzentrierten, ließen sie von ihren schweren Gedanken ab. Es wurde leicht in ihnen. Somit wurde auch die Energie im Raum leichter und mein Körper entspannte sich.

Beim Unterrichten hatte es mir immer besonders viel Freude gemacht, mit meinen Worten zu führen. Ich sprach aus, was mir in den Sinn kam. Die Schlussmeditation war für mich immer der wichtigste Teil des gesamten Unterrichts. Auch da ließ ich mich von dem inspirieren, was mir in den Sinn kam, und führte meine Schülerinnen und Schüler in die Stille, die ich dann anschließend auch sehr genoss, weil es wirklich still war – in mir und im Raum. Öfter bekam ich nach einer Stunde die Rückmeldung, dass meine Worte genau richtig gewesen wären und ich so manchem aus dem Herzen gesprochen hätte. Dabei hatte ich meist den Eindruck gehabt, als würde ich nur meine eigenen Gedanken aussprechen. Auch da lag die Erklärung im Wahrnehmen der 2. Dimension. Diese Gedanken, die mir so zufällig in den Sinn kamen und offensichtlich ausgesprochen werden wollten, hatten im wahrsten Sinne des Wortes in der Luft gelegen.

Das bewusste Wahrnehmen von Energie beherrscht man nicht nach einer Kurswoche, zumindest ich nicht. Damals hatte ich eine Ahnung davon bekommen. Im Laufe der Zeit lernte ich mehr und mehr eine Welt kennen, die zwar immer da gewesen war, die mich fühlen und handeln, denken und reden hatte lassen, die mir aber immer verborgen gewesen war. Jetzt konnte endlich die Bewusstheit dazukommen. Auch das ist ein Prozess, der immer noch andauert. Vieles von dem, was ich hier aufschreibe, ist über die Jahre an Erkenntnis dazugekommen. Obwohl ich nach dem Basiskurs das Gefühl hatte, so viel mehr zu verstehen, war es erst ein winziges Stückchen gewesen, das sich mir da erschlossen hatte. Dessen ungeachtet war es für mich ein Quantensprung gewesen.

Meine Begeisterung für diese neue Arbeit stieg Tag für Tag. Was ich an mir erlebte, was ich bei Klientinnen und Freunden miterleben durfte, war schön bis teilweise sogar unglaublich. Mich faszinierte – und fasziniert –, wie einfach man durch diese Technik jede Person von ihrem „Bahnhof" abholen kann. Egal, wo sie sich gerade befindet. Durch Vesseling habe ich erfahren dürfen, dass man sich nicht anstrengen, nichts leisten oder Disziplin aufbringen muss, um Schwere loszulassen und Blockaden zu lösen.

Manche Menschen haben mit der Einfachheit dieser Methode auch ihr Problem: Könne es da überhaupt zu einer persönlichen Entwicklung kommen? Man müsse doch das Problem erst begreifen, um es lösen zu können.

Nein, muss man nicht. Im Gegenteil. Der Kopf kann es nicht lösen. Der schickt uns auf Um- und Irrwege. Denn der Kopf ist die Schaltzentrale des Schmerzkörpers, des Egos, also der Gesamtheit unserer Blockaden, unserer Schwere. Der Schmerzkörper hat nur seine Erhaltung, sein Fortbestehen im Sinn. Ihm ist nichts lieber, als unser ständiges Beschäftigen mit den diversen Problemen und Themen. Ist jedoch die Blockade gelöst, steckt man nicht mehr im alten Verhaltensmuster. Dadurch erst kann man wirklich begreifen, was vorher los war. Erst in diesem Zustand hat man einen klaren Blick. Man ist sich seiner selbst ein Stück bewusster geworden.

Da war also ich mit meiner Begeisterung für diese neue Technik und da war mein Yoga-Unterricht. Für viele Jahre war Yoga für mich „der" Weg gewesen. Jetzt allerdings wurde es mir zu wenig, meinen Schülerinnen und Schülern in den Asanas zu einer besseren Haltung zu verhelfen. Dasselbe galt für Nuad. Zwar fühlten sich alle nach Nuad wohler, waren zur Ruhe gekommen und ihre Verspannungen hatten sich gelöst. Jedoch waren die Ursachen für Unruhe und Verspannungen nach wie vor noch in ihrer Energie. So fand ich bei der nächsten Nuad-Sitzung die meisten im selben Zustand vor. Mehr und mehr hatte ich das Gefühl, als würde ich nur die Oberfläche der Menschen berühren, während ich jetzt um die tiefe Wirkung der Vesseling-Sitzungen wusste. Immer öfter überlegte ich, wie ich dieses wunderbare Werkzeug hier zum Einsatz bringen konnte. Vielleicht gab es die Möglichkeit, alles miteinander zu verbinden.

Das Leben brachte mir die Antwort. Jedoch in einer Form, die ich überhaupt nicht haben wollte. Auf dem Weg zum Salsa-Kurs rutschte ich auf einer Treppe aus und zerrte mir bei diesem Sturz den Mittelfinger der rechten Hand. Der Finger musste geschient werden. Meine rechte Hand war kaum zu gebrauchen und ich dadurch in vielen Bereichen zum Nichtstun gezwungen. Vieles, was mir wichtig war, wie Yoga praktizieren, Klavier spielen, schreiben oder reiten, ging jetzt einfach nicht. Natürlich befürchtete ich, wieder in die Schwere abzugleiten. Mir war einfach nicht klar, warum mir in einer Zeit, in der ich so glücklich war, dieser Unfall passieren musste.

Zu meinem großen Erstaunen kam keine Schwere, stattdessen kamen aber viele Menschen, die energetische Sitzungen bei mir machen wollten. Also gab ich Sitzungen und erkannte, dass mir nichts fehlte – auch nicht meine rechte Hand. Vesseling-Sitzungen zu geben war das, was ich wollte. Da war ich voll und ganz in meiner Kraft. Nun begann ich zu verstehen, dass es nicht darum ging, alles miteinander zu verbinden. Es war an der Zeit, Yoga und Nuad loszulassen und mich ganz meiner neuen Aufgabe zu widmen.

Diese Entscheidung brachte mir unerwartet viel Energie und machte mich sehr glücklich. Der Abschied von meinen Yoga-Schülerinnen und -Schülern war der einzige Wermutstropfen. Verwundert hörten sie mir zu, als ich ihnen meine Entscheidung mitteilte. Woher ich mir so sicher sein könne, dass es das Richtige sei, wurde ich gefragt. Wie konnte ich wissen, dass auch genug Menschen zu mir kommen würden?

Ich wusste es nicht. Allein es zog mich so sehr in die neue Richtung, dass ich gar nicht anders konnte, als diesen Weg zu gehen.

Traktor oder Rennwagen?

Es genügte auf einmal, nur ich selbst zu sein. Es genügte nicht nur, es war offenbar auch genau das, was das Leben von mir wollte. Hier konnte ich mich voll und ganz einbringen. Mein Wahrnehmen von jeglicher Schwere war hier, statt wie so lange ein Hindernis, endlich ein Segen. Jetzt konnte ich genau damit anderen weiterhelfen.

Zu meiner großen Freude konnte ich dabei sogar meine Liebe fürs Zeichnen einfließen lassen. Weil ich gerne zeichnete, hatte ich mich damals für den Beruf der Grafik Designerin entschieden. Nur hatte ich mein Talent dann kaum einsetzen können. Jetzt gab es auf einmal den Raum dafür.

Am Ende jeder Sitzung sehe ich den Klienten in seiner Helligkeit und in seiner Kraft. Diese Bilder zeigen, was ab jetzt ins Leben kommen und gelebt werden will. Davon mache ich dann kleine Zeichnungen.

Jeder bekommt solche Talente-Bilder von sich mit nach Hause. Für mich ist es immer wieder aufs Neue schön mitzuerleben, wie sehr diese Zeichnungen berühren, Mut machen oder einfach Freude bereiten.

Und die Menschen kamen zu mir, füllten meine Praxis, als hätten sie nur darauf gewartet, dass ich mich ganz für diesen neuen Weg entscheide. Im Laufe der Zeit begann ich zu verstehen: Das Leben, man kann auch sagen, die energetische Welt, hatte wirklich nur darauf gewartet, dass ich mich für diesen meinen Weg entscheide. Das Leben wartet bei jedem Menschen darauf, dass er oder sie in seine bzw. ihre Kraft kommt und sich mehr und mehr dafür entscheidet, nach dem

Talentebilder, mit freundlicher Genehmigung meiner Klienten

eigenen „energetischen Fahrzeug" zu leben. Das heißt, das zu tun, wofür man wirklich auf dieser Welt ist.

Der Begriff des „energetischen Fahrzeuges" steht für das Selbst, für das ganz Individuelle in uns. Es steht für die Talente und Fähigkeiten, die jede und jeder von uns hat. Das energetische Fahrzeug ist unveränderlich. Hat jemand Führungsqualität in seiner Energie, wird er als Zweiter nicht froh werden. Andersherum wird jemand, der lieber in einer Gruppe arbeitet, mit einem Leitungsposten überfordert sein. Was also bedeutet: Man kann nicht alles werden, aber jeder kann nach seiner Fasson glücklich werden. Es gilt nur herauszufinden, was einem selbst entspricht und was nicht.

Wenn man mit einem Traktor versucht, in Monte Carlo zu gewinnen, dann wird man auf verlorenem Posten sein und sich vielleicht sogar für unfähig halten. Genauso wird ein Rennwagen auf dem Feld nicht weit kommen. Setzt man sein Fahrzeug richtig ein, dann wird das Freude bereiten und sich leicht anfühlen. Manche Menschen haben in ihrem Fahrzeug Platz für viele andere Menschen, etwa ein Omnibus. Diese Menschen leben ihr energetisches Fahrzeug, wenn sie z. B. eine große Familie gründen oder vielleicht Gruppenreisen organisieren oder Veranstaltungsleiter sind. Das bringt sie in ihre Kraft und nährt sie. Jemand, der, bildlich gesprochen, eine Maschine mit Beiwagen ist, wird hingegen schon bei der Vorstellung, sich um viele Menschen kümmern zu müssen, alle Zustände bekommen. Seine Qualitäten liegen wieder ganz woanders und es gilt, diese herauszufinden.

Das Wissen um das eigene Fahrzeug, also um die eigenen Talente, ist jedoch noch nicht genug. Viele Menschen ahnen ihre Talente und sehnen sich danach, diese zu leben. Doch dafür muss auch Leichtigkeit vorhanden sein. Oft steckt das energetische Fahrzeug schwer beladen und mit angezogenen Bremsen im Morast fest. So war es bei mir gewesen. Yoga hatte mich gewissermaßen aus dem Morast geholt. Allerdings gab es da noch die angezogene Handbremse und unendlich viel Ballast. Es ging schon in die richtige Richtung, aber die Leichtigkeit fehlte gänzlich. Erst durch Vesseling löste sich sozusagen die Handbremse. Ich verlor an Ballast und kam so richtig in Fahrt. Meine innere Stimme war klar und deutlich zu hören. Dadurch wusste ich, was ich wollte, und – was viel wichtiger war – ich wusste, was ich nicht mehr wollte.

So geht es vielen Menschen, wenn sie beginnen, mit Vesseling an sich zu arbeiten. Blockaden in Form von Mustern, Glaubenssätzen oder Verletzungen werden abgestreift. Man fühlt und erkennt, wo es hingehen soll im Leben. Oft hat man diese Talente auch schon in sich vermutet oder hat davon geträumt, genau das zu können. Ist das energetische Fahrzeug freigelegt, wird es möglich, die Talente auch endlich zu leben. Lebt man seinem Fahrzeug entsprechend, dann fühlt sich das Leben leicht an. Man wird genährt durch das, was man tut. Man lebt ein erfülltes Leben.

Natürlich kann man sich auch gegen sein Fahrzeug entscheiden – viele leben so. Der Omnibus will ein Sportwagen sein. Der Sportwagen träumt davon, ein Kombi mit viel Platz für Familie zu sein. Manche versuchen mit viel Anstrengung, etwas anderes zu sein oder zu werden. Das kostet jede Menge Energie. Seele und Körper reagieren darauf.

Warum man sich gegen sein Fahrzeug entscheidet, wenn es doch anders leichter wäre? Weil unser Ego meist eine ganz andere Vorstellung hat, wie wir und unser Leben sein sollten. Diese Vorstellung hat dann nichts mit unseren wirklichen Talenten zu tun. Vorstellungen kommen immer aus der Schwere, aus dem Mangel, aus Unsicherheiten oder aus Ängsten. Auch ich hatte so meine Vorstellungen und musste lernen, sie loszulassen.

In meinem energetischen Fahrzeug steht, dass ich mich ganz auf mein Gegenüber einlassen kann. Sei es ein Mensch, ein Tier oder eine Pflanze. Es fällt mir leicht wahrzunehmen, was beim anderen gerade da ist. Genau genommen kann ich gar nicht anders. Das Nichtwissen um diese Fähigkeit und das Unbewusste im Wahrnehmen von alldem, was da ist, hatten mir früher viele Schwierigkeiten bereitet. Jetzt ist es zu einem Talent geworden. Wenn ich während einer Vesseling-Sitzung meine Aufmerksamkeit auf den anderen richte, tue ich etwas, das meinem energetischen Fahrzeug, also mir, entspricht. Dadurch verbinde ich mich mit meiner eigenen Kraft. Während ich so meinem Gegenüber meine Kraft und Fähigkeiten anbiete, nähre ich auch mich selbst.

Meine Praxis war das, was ich wollte. Ich war glücklich und vor allem dankbar, was ich da alles vom Leben geschenkt bekam. Damit hätte ich zufrieden sein können. Doch ich sehnte mich nach mehr. Auch ich hätte sehr gerne in der Energieschule von Martin Brune mitgearbeitet, so wie Thomas und wie viele unserer Freunde.

Es verging eine nach meinem Gefühl unendlich lange Zeit, bis auch ich schließlich die Gelegenheit bekam, bei einem Kurs mitzuhelfen. Dabei erlebte ich eine aufregende, spannende, für mich aber auch anstrengende Woche. Danach stand für mich jedoch fest: Davon will ich mehr!

Ich war mir absolut sicher, dass ich ideal für diese Arbeit war, ja, überhaupt unentbehrlich für sämtliche Basiskurse. Damit hielt ich auch nicht hinter dem Berg und erinnerte Martin immer wieder daran. Ich war lästig, ziemlich lästig sogar. Martin hingegen reagierte nicht darauf. Das war mir unverständlich. Konnte er nicht sehen, wie gut ich das machte?

Viele Monate musste ich den Erzählungen von Thomas und Freunden, die gerade wieder bei einem Kurs geholfen hatten, zuhören. Meistens löste das einen Schwall an Gefühlen bei mir aus: Neid, Ärger, Sehnsucht, Verzweiflung und Wut. Nach solchen Erzählungen war im Allgemeinen eine Sitzung fällig. Es fühlte sich so an, als würde ich nie aus diesem Thema herauskommen. Alle durften mitarbeiten. Alle konnten dabei von

Martin lernen, Erfahrungen sammeln und natürlich Spaß am Kurs haben. Nur ich nicht. Ich verstand die Welt nicht.

Schließlich war es wieder so weit: Erneut durfte ich auf einem Basiskurs mithelfen! Diesen Kurs erlebte ich vollkommen anders.

Als Assistentin sitze ich im Kreis der Teilnehmenden, genau wie beim letzten Mal. Diesmal darf ich einen Teil des Vortrags zum Thema Energiearbeit halten. Diese Aufgabe übernehme ich sehr gerne. Am nächsten Tag gibt es für mich nur die Rolle der Assistentin. Martin hält einen Vortrag und Alex, jener Freund, der auch bei meinem eigenen Basiskurs Teamleiter gewesen ist, erklärt anschließend eine der Techniken. Für mich gibt es nichts zu tun, außer Kerzen anzuzünden, Wasserkrüge nachzufüllen und unpünktliche Teilnehmer aufzufinden. Über den Tag hinweg bekomme ich immer mehr das Gefühl zu ersticken. Was ist mit mir los?

Als alle untereinander an ihren Themen arbeiten, wird es in mir immer schwerer. Ich muss mich zusammenreißen, damit ich nicht losheule. In der anschließenden Pause vor dem Abendessen bitte ich Alex um eine Sitzung. Erklären kann ich nicht, warum ich so traurig bin und was überhaupt mit mir los ist. In mir ist nur Chaos. Als ich still daliege und Alex zu rasseln beginnt, drehen sich die Gedanken in meinem Kopf. Ich will wissen, warum ich jetzt so unglücklich bin. Dabei wollte ich genau das: in der Schule mitarbeiten und von Martin lernen! Jetzt kommt es mir vor, als würde ich genau daran leiden – verrückt.

Das vertraute Geräusch der Rassel dominiert für einige Zeit meine Wahrnehmung. Auf einmal wird mir klar, dass ich das Gefühl habe, nur weiterkommen zu können, wenn ich bei Kursen mitarbeiten darf. Genau diesen Weg scheint es für mich aber nicht zu geben. Es fühlt sich alles schrecklich eng in mir an, so ausweglos. Die Gewissheit, nur hier wirklich lernen zu können, wird immer größer und nimmt mir den Atem. Gerade da pustet mir Alex über den Brustkorb.

Die Enge von vorhin löst sich auf. Befreit nehme ich einen tiefen Atemzug. Meine Gedanken machen Pause und aus dieser Stille steigt eine ernüchternde Erkenntnis auf: Hier ist nicht mein Platz. Ich muss mich von meiner Vorstellung lösen, bei den Kursen mitzuarbeiten. Nur: Es ist das genaue Gegenteil von dem, was ich will.

Das sei doch wunderschön, meint Alex bei der Nachbesprechung, und decke sich genau mit dem Bild, das er im „Raum der Talente" gesehen habe. Dort war ich auf einer Bergspitze zu sehen, mit einem Spiegel in der Hand. Ich habe hineingeblickt und mich gesehen.

Der neue Glaubensgrundsatz lautet: „Ich bin mein Lehrer."

Alex ist ganz begeistert von diesem Bild und der Botschaft. Das Bild im „Raum der Talente" zeigt immer einen Aspekt des energetischen Fahrzeugs. Es bringt ein Bild, in dem man seine Kraft und Fähigkeiten in Bezug zum Sitzungsthema sehen kann. Was kann schöner sein, als zu hören, welche Fähigkeiten man hat? Ich aber bin nur im Widerstand, kann das Schöne darin nicht finden und sehe stattdessen nur Einsamkeit.

Nach dem Abendessen gehe ich zu Martin und erzähle ihm, wie ich mich im Laufe des Tages gefühlt habe. Er sieht mich an und meint: „Du musst dein Eigenes machen."

Dann holt er noch ein Fahrzeugbild für mich. Er meint, er sehe mich mit einer kleinen Gruppe mein eigenes Seminar halten, in meiner Art und auf meine Weise: „Mach etwas zum Thema Frausein."

Das Bild mit der eigenen kleinen Gruppe gefällt mir auf Anhieb. Auch die Idee mit dem Seminar für Frauen spricht mich sofort an. Aber noch immer will ich die Vorstellung, bei den Kursen mitzuarbeiten, nicht loslassen.

Am nächsten Tag überlässt mir Martin die gesamte Gruppe und verlässt mit Alex den Raum. Das ist ein großer Vertrauensbeweis und ein Geschenk zugleich. Nun habe ich die Gruppe für mich allein. Zwar unterstützt durch eine Kollegin, aber ich habe die Leitung über und darf eine Feedbackrunde abhalten. Es ist herrlich. Das Eingehen auf jeden einzelnen Menschen in der Runde, das bewusste Zuhören, das Wahrnehmen und das Führen der Menschen – ich bin in meinem Element.

Auf einmal weiß ich, was es heißt, in der Kraft zu sein. Es gibt nur das Hier und Jetzt. Vergessen sind Martin und Alex. Sie fehlen mir nicht. Nun erst verstehe ich, warum in der Schule kein Platz für mich ist: Nie würde ich wirklich zufrieden sein, denn ich würde ja gerne den gesamten Kurs leiten. In meinem energetischen Fahrzeug gibt es diese Fähigkeit und die will gelebt werden.

Eine Stunde habe ich als Vorgabe bekommen, vergesse allerdings die Zeit und so werden es zwei Stunden. Martin kommt exakt zu dem Zeitpunkt in den Raum, als ich die Pause beginne. Er hat mit seinen feinen Antennen natürlich die ganze Zeit die Energie der Gruppe wahrgenommen. Hätte ich ein Problem bekommen, wäre er in kürzester Zeit zur Stelle gewesen. Das erfahre ich dann am nächsten Tag: Als ich mit einem Teilnehmer wirklich in eine verfahrene Situation komme, erscheint Martin wie aus dem Nichts neben mir und übernimmt das Ruder. Das sei genau im richtigen Augenblick gewesen, vertraue ich ihm später an.

„Ich weiß", lautet seine Antwort.

· ✑ ·

Wieder zu Hause steckte ich meine Energie in die eigenen Vorträge, in Tagesseminare und natürlich in die Visionsreise. Die Idee dazu war bereits kurz nach meinem Basiskurs gekommen.

Für die Visionsreise mieten Thomas und ich jedes Jahr im Lungau eine Berghütte auf 1500 m Seehöhe. Ich liebe die Berge und es erfüllt mich jedes Mal mit großer Dankbarkeit, dass ich, umgeben von einsamen Berggipfeln, meinen Beruf ausüben darf. Die Visionsreise ist für uns beide immer wieder ein wunderschönes Erlebnis, das uns aber auch mit uns selbst konfrontiert und uns dadurch weiterbringt, wie im Endeffekt jedes Seminar, das man veranstaltet, und jede Sitzung, die man gibt.

Über die Jahre wurde mir bewusst, dass ich sehr wohl ein Teil der Energieschule war und bin, auch wenn ich nicht ständig bei Kursen mitarbeite. Meine Kraft ist es ganz offensichtlich, draußen in der Welt Menschen mit meiner Begeisterung für diese Arbeit zu gewinnen. Denn viele meiner Klientinnen und Klienten, auch viele, die unsere Seminare besuchen, landen schließlich im Hafen der Energieschule. Aus einigen sind bisher nicht nur Kollegen und Kolleginnen, sondern auch Freunde geworden.

Nach einigen Jahren ergab sich spontan die Möglichkeit, wieder bei einem Kurs von Martin mitzuarbeiten. Wie würde ich es diesmal erleben? Erfreut stellte ich fest, dass für mich alles viel entspannter ablief. Meine Dramen hatten sich verringert. Der Drang, unbedingt die Führung haben zu müssen, war nicht mehr da. Zusätzlich hatte sich in der Energieschule einiges verändert. Die alte Rangordnung von Teamleitern und Assistenten gab es nicht mehr. Jetzt halfen alle gleichberechtigt und es gab genug Möglichkeiten, mit den Teilnehmerinnen und Teilnehmern zu arbeiten oder auch vor der Gruppe das Wort zu ergreifen. Das entsprach mir natürlich sehr. Abgesehen davon konnte ich bei diesem Kurs auch einfachere Tätigkeiten ausführen und tun, was mir aufgetragen wurde, ohne dabei das Gefühl zu haben, ersticken zu müssen.

Ich bin schön

Manchmal werde ich gefragt, was denn die für mich wichtigste Erfahrung oder die größte Veränderung ist, die ich durch Vesseling erlebt habe.

Ganz einfach: Ich konnte zu einer selbstbewussten Frau werden. Selbstbewusst im Sinne von „mir bewusst" über meine Qualitäten, meine Ausstrahlung, meine Schönheit, meine Kraft, meine Weiblichkeit und meine Sexualität. Das war ich davor nicht oder wenn, dann nur hin und wieder, sozusagen in Spurenelementen.

Seit der Pubertät war ich kaum wirklich vorhanden. Damals versteckte ich mich hinter androgynem Aussehen und sportlicher Kleidung. Für mich war Einkaufen eine Qual. Aufgrund meiner Größe passte fast nichts und wenn, dann wusste ich nicht, ob es zu mir passte. So gab es mich meistens in Jeans. Fühlte ich mich nicht wohl in meiner Haut, wollte ich überhaupt nicht gesehen werden und versuchte, durch die Kleidung noch unauffälliger zu werden.

Wie sehr erstaunte es mich, als ich auf dem Basiskurs, wo alle mit Themen und mit Schwere, Tränen und Ängsten konfrontiert wurden, mit Frauen im Kreis saß, die sich hübsch gemacht hatten. Geschminkt, in Kleidern oder in kessen Röcken, mit Ketten und passenden Schals oder Tüchern saßen sie neben mir. Von meiner Zimmerkollegin wusste ich zusätzlich, dass sie wunderschöne BHs und Tangas trug. Ich trug keine BHs und Tangas schon gar nicht.

Meine Unterwäsche war auf Komfort ausgerichtet. Ich und schminken? Undenkbar.

Sind sowieso alles Äußerlichkeiten, könnte man jetzt sagen. Die wahren Werte liegen ganz woanders. Es geht doch um Bewusstseinserweiterung, um Wachstum und Erleuchtung. Erleuchtung gut und schön – aber warum nicht in kesser Unterwäsche und schwarzem Ledermini, wenn es Spaß macht?

Spaß! Genau das hatte ich mit mir nicht. Auf dem Basiskurs wurde es mir zum ersten Mal bewusst, dass ich ein Thema mit dem „Frausein" hatte. So offensichtlich es vielleicht für andere immer schon gewesen war – ich hatte es nie so gesehen. Gegen die Tatsache, dass ich eine Frau war, hatte ich gekämpft, hatte nie eine sein wollen.

Zu diesem Thema sollte sich bei einem Kurs der Energieschule einiges ändern. Da arbeiteten wir an besonders festgefahrenen Glaubensgrundsätzen, den sogenannten „heiligen Kühen". Diese präsentieren sich als „Wenn-dann-Sätze", durch die man sich im Leben selbst einschränkt. Mit realen Bedingungen hat so eine heilige Kuh nichts zu tun. Also nicht: „Wenn die Sonne scheint, dann ist es warm."

Diese „Wenn-dann-Sätze" bedingen einander in Wirklichkeit überhaupt nicht. Nur die eigene Sicht der Dinge aus der Schwere heraus lässt einen diese „Wenn-dann-Sätze" als Realität ansehen. Man glaubt daran, lässt sich davon einschränken, lebt danach und leidet darunter. Zum Beispiel: „Wenn ich einen größeren Busen hätte, dann hätte ich schon längst einen Mann gefunden."

Vielleicht hängt man auch die Erfüllung eines Lebenstraums an eine Bedingung, die man selbst nicht beeinflussen kann: „Wenn die Kinder aus dem Haus sind, kann ich das machen, was ich schon immer machen wollte." Wann die Kinder gehen, weiß man aber nicht. Was hält einen davon ab, jetzt schon das zu tun, was man will? Genau: die eigene Schwere.

Jetzt hieß es, eine heilige Kuh bei sich selbst zu finden, damit man sie auflösen oder, wie wir gerne sagen, damit man sie „schlachten" konnte. Wie auf allen Kursen schien ich, was meine eigenen Themen betraf, mit Blindheit geschlagen zu sein. So sehr ich mich auch bemühte, ich fand keine heilige Kuh. Vielleicht hatte ich solche festen Glaubensgrundsätze ja gar nicht? Aber ich ahnte, dass sich irgendwo ein ganz dickes Thema, eine ganz dicke Kuh, versteckt hatte. Nur wo?

Auch dieses Mal stieß mich das Kurssetting „zufällig" mit der Nase auf mein Thema:

Alles beginnt damit, dass Martin mich bei der Begrüßung sofort nach Thomas fragt. Wie es mir geht, will er offenbar nicht wissen. Sofort komme ich mir nicht wirklich wahrgenommen vor – ein nicht gerade unbekanntes Gefühl für mich.

Wann immer Martin mit mir spricht, geht es um Thomas: um neue Veranstaltungen, die er in Wien mit Thomas plant, oder er erzählt vor der Gruppe, dass Thomas der erste Österreicher überhaupt in den Kursen war, dass er die erste Vesseling-Praxis überhaupt in Österreich aufgemacht hat.

Als ich einmal zu spät zu einem Vortrag komme – es geschieht ein klein wenig aus einem trotzigen Verhalten heraus, wahrgenommen werden zu wollen –, begrüßt mich Martin strahlend mit den Worten: „Wir haben gerade von deinem Mann gesprochen!"

Das ist der Moment, wo mir innerlich der Kragen platzt. Sieht mich Martin überhaupt? Was muss ich tun, dass er sich für mich interessiert?

Mich ärgert, dass ich so sehr nach seiner Aufmerksamkeit giere. Aber es hilft nichts. Alles in mir will wahrgenommen werden – und jetzt kenne ich meine heilige Kuh. Sie lautet: „Wenn mich Martin endlich wahrnimmt und sieht, wie ich wirklich bin, dann …"

Ja, was wäre dann? Das weiß ich nicht. Aber es fühlt sich nach großer Befreiung an, die sich gar nicht in Worte fassen lässt.

Am Nachmittag ist es so weit. Wir suchen uns einen Partner oder eine Partnerin und einen Platz auf dem Boden. Die

Gruppe ist groß, mein Partner und ich finden nur noch einen Platz direkt zu Martins Füßen. Ich bin an der Reihe, mein „Wenn-Dann" aufzuschreiben.

Na toll, denke ich, dann kann Martin meinen Satz sehen. Will ich das? Auch vor meinem Partner schäme ich mich. Was wird er sich denken? Ich kenne ihn schließlich überhaupt nicht. Aber es gibt für mich kein Zurück mehr. Ich schreibe: „Wenn Martin mich sieht und wahrnimmt, wie ich bin, dann bin ich frei."

So, da steht das jetzt. Wir beginnen mit der Arbeit, die ohne Worte, dafür aber mit Farbstiften und Papier vonstattengeht. Ich greife nach einer schwarzen Ölkreide und weiß auf einmal, was aufs Papier kommen muss: Strichmännchen. Für jeden Mann eines, der in meinem Leben bestimmend gewesen ist: Vater, Bruder, Lehrer, Chefs und auch Thomas. Nur Martin kommt nicht aufs Blatt. Er ist nur der Spiegel.

Düster blicke ich auf die Gruppe schwarzer Männer. Das Gefühl, nie wahrgenommen worden zu sein, steigt in mir hoch und lässt mich unsagbar wütend werden. Über meinen Arm will die Wut aus mir heraus. So traktiere ich mein Blatt Papier mit Vehemenz und übermale alle Strichmännchen. Keines will ich mehr sehen. Dann drehe ich das Blatt auf Hochformat und greife nach einer anderen Farbe.

In großen Kreisen bewegt sich mein Arm über das Blatt. Immer kraftvoller und schneller werden meine Bewegungen. Es fühlt sich befreiend an. Immer mehr Farblinien kommen auf das Blatt. Meine Wut verraucht. Endlich kann ich wieder freier atmen. Ich greife zu einer anderen Ölkreide. Freude über die Farben und Muster, die da entstehen, kommt auf. Immer wieder malt mein Partner einen Strich mitten in meine Kreise. Zuerst bin ich irritiert. Dann spüre ich, er kann mir nichts anhaben. Nichts kann mir dieses Schöne, das hier gerade entsteht, zerstören. Es ist Schönheit in mir, die heraus will. Ich streiche meinen alten Glaubenssatz durch. Ein neuer Satz ist mir eingefallen: „Ich bin voll Schönheit!"

Ja, genauso fühlt es sich an.

Ich halte inne und bin mir sicher, mit der Arbeit fertig zu sein. Aber mein Partner ist noch nicht zufrieden. Wir dürfen ja nicht sprechen, aber er gibt mir deutlich zu verstehen: Der Satz ist noch nicht stimmig. Er unterstreicht das Wort „voll".

Eifrig male ich wieder meine Kreise und getraue mich nicht, über den Satz nachzudenken. Beharrlich unterstreicht mein Partner dieses Wort immer wieder. Irgendwann halte ich inne und streiche das Wort „voll" durch. So, jetzt steht da „Ich bin Schönheit" oben auf dem Blatt. Erschrocken blicke ich auf den Satz. Kann ich das so schreiben?

Wieder fange ich an, Kreise zu malen. Nur nicht an den Satz denken. Mein Partner ist noch immer nicht zufrieden. Was will er denn noch von mir? Mein Blatt ist über und über voll mit Farbe, es gibt keinen weißen Fleck mehr. Ich übermale und übermale und mein Partner unterstreicht unbeirrbar das „-heit" im Wort Schönheit.

Schließlich höre ich auf zu malen. Sitze nur da, ohne Gedanken, ohne zu wissen, was zu tun ist. Da bewegt sich mein Arm wie von selbst und übermalt das „-heit". Jetzt steht da: „Ich bin schön."

Die Zeit scheint still zu stehen. Noch nie habe ich das über mich auch nur gedacht, und jetzt steht es da, für alle sichtbar.

Vorsichtig blicke ich zu meinem Partner. Noch erwarte ich, dass er Einspruch erheben wird oder sich lustig macht. Aber nein, er sieht mich nur lächelnd an: „Na, endlich!", meint er zufrieden aufseufzend und nimmt mich liebevoll in seine Arme.

Dann gesteht er mir, dass ihm das Thema „Von-Martin -wahrgenommen-Werden" nicht unbekannt ist. Bis jetzt hat er es sich nicht eingestehen wollen. Und ich habe wieder einmal allen Ernstes geglaubt, nur ich hätte dieses Problem!

Wir sind noch alle mitten in der Nachbesprechung, als Martin einen Vortrag beginnt. Die meisten bleiben gleich auf dem Boden sitzen. Ich quasi Martin zu Füßen. Es ist mir kaum mög-

lich, mich auf seine Worte zu konzentrieren, da ich vor Glücks-
gefühlen fast am Platzen bin. Das bleibt Martin natürlich nicht
verborgen und er wirft mir hin und wieder einen neugierigen
Blick zu. Als er fertig gesprochen hat und alles in Richtung
Abendessen strömt, gehe ich zu ihm und erzähle von meiner
heiligen Kuh. Es fällt mir zu meinem Erstaunen überhaupt nicht
schwer, ihm den alten Satz zu sagen. Was mir vor einer Stunde
noch peinlich gewesen war, hat jetzt keine Bedeutung mehr.

„Wie lautet dein neuer Satz?"

„Ich bin schön", kommt es ohne Zögern aus mir heraus.

„Genial", meint Martin zufrieden.

Dann liege ich zum zweiten Mal an diesem Nachmittag
lachend in den Armen eines Mannes.

· ᴄ⁄ᴐ ·

Vor vielen Jahren hatte mir eine Therapeutin einmal folgenden
Satz mitgegeben: „Ich liebe und akzeptiere mich, wie ich bin."

Anfangs hatte ich diesen Satz nicht einmal aussprechen können. Später konnte ich ihn sogar sagen, wenn ich mich dabei
im Spiegel ansah. Jedoch ich hatte nur gelernt, diese Satz auszusprechen. Er war nie bis in meine Seele gedrungen.

Jetzt begann ich, mich in meinem Körper immer wohler zu
fühlen. Ich fing an, mich weiblich anzuziehen, mich zu zeigen
und dabei Spaß zu haben. Figurbetonte Kleidung, Miniröcke,
Kleider – all das wurde auf einmal möglich. Es verunsicherte
mich nicht mehr, wenn mir jemand nachsah. Es begann mir
zu gefallen.

Vor allem aber begann es mir Freude zu machen, mich für
mich selbst hübsch anzuziehen. Auf dem nächsten Kurs versteckte ich mich nicht mehr in unauffälliger Kleidung, egal wie
viele Themen mir begegneten. Zu meiner großen Verwunde-
rung bekam ich auf einmal Komplimente und, was noch viel
erstaunlicher war, ich konnte diese endlich auch annehmen.

Ganz besonders berührten mich Komplimente von Frauen, die ich selbst wunderschön fand. Früher hatte ich mich in der Gegenwart von schönen Frauen unsicher und gehemmt gefühlt. Auf einmal gehörte ich dazu. Welch wundersame Verwandlung!

Dancing Queen

Die Zeiten, in denen ich, am Rande der Tanzfläche stehend, anderen neidvoll zusehe, sind vorbei. Jetzt tanze ich, wann und wie es mir beliebt. Ich überlege nicht mehr, welche Bewegungen ich machen soll. Es tanzt mich einfach. Auch muss ich das Lied nicht bereits kennen. Die Musik fährt in meinen Körper, und der will tanzen. Jetzt erst weiß ich, wie sehr die Schwere früher meinen Körper blockiert hatte. Ich bin befreit aus der alten Starre, die eine Mischung aus den diversesten Ängsten war.

Viele Menschen helfen sich mit Alkohol, um ihre Schwere zu umgehen. Meine Allergie auf Histamin hatte immer verhindert, dass ich mich hätte „locker" trinken können. Diese Erfahrung fehlt mir. Aber ich weiß, wie es sich anfühlt, wenn man frei und locker ist und tanzen will, egal ob sich auf der Tanzfläche gerade viele, wenige oder gar niemand befindet. Einfach tanzen, weil man Freude daran hat, das ist wunderschön und eines der vielen unzähligen Geschenke, seit ich diesen Weg eingeschlagen habe.

Im Basiskurs hatte mir eine der Teilnehmerinnen prophezeit, dass wir beide im nächsten Kurs viel tanzen würden. Sie hätte mir genauso eine Reise auf den Mond versprechen können – für mich schien das vollkommen unwahrscheinlich zu sein. Ich hatte mich damals gerade einmal für zwei Lieder auf die Tanzfläche gewagt und da auch nicht so getanzt, wie ich es gerne getan hätte. Tatsächlich tanzte ich wirklich im nächsten Kurs mit eben dieser Frau und einem anderem Teilnehmer auf der sonst leeren Tanzfläche!

Zum ersten Mal in meinem Leben tanzte ich nicht verschämt am Rand und nur so für mich. Nein, ich war mittendrin. Zum ersten Mal kommunizierte ich beim Tanzen und ging eine Beziehung mit meinem Gegenüber ein. Das hatte ich noch nie getan. Es fühlte sich gut an, war spannend und es gab sogar erotisches Knistern. Noch nie hatte ich mich so frei und ungezwungen vor anderen bewegt!

Danach war ich begeistert und erfüllt von dem, was ich da eben hatte zulassen können. Ich wusste nicht, wohin mit all meinen Gefühlen. Als ich Martin über den Weg lief, erzählte ich ihm freudestrahlend von meinem Erlebnis. Er sah mich mit einem väterlichen Lächeln an und meinte:

„Das ist erst der Anfang."

Damals konnte ich mir überhaupt nicht vorstellen, was jetzt noch kommen sollte. War ich mir doch sicher, meinen Zenit erreicht zu haben. Wie so oft sollte Martin recht behalten – zum Glück. Meine Entdeckungsreise zu mir selbst hatte erst begonnen und sie sollte beim Thema Tanz noch ziemlich weit führen, nämlich bis hinauf auf die Bar – das war allerdings ein paar Jahre später.

Es gibt eine Party in der Energieschule. Eine Frau tanzt auf der Bar. Die Vorführung fasziniert mich, denn diese Frau tanzt einfach so toll, dass ich die Augen gar nicht von ihr lassen kann. Während ich zusehe, werde ich immer unruhiger. Zu meinem Erstaunen muss ich mir eingestehen: Es zieht mich da hinauf. Ich will auf der Bar tanzen!

Gleichzeitig ist da Angst, große Angst sogar. Kann ich das denn? Mache ich mich nicht lächerlich? Alle werden mich ansehen und sich weiß Gott was erwarten. Vielleicht nimmt aber auch keiner Notiz von mir, weil sich niemand dafür interessiert, was ich da oben tue. Was davon schlimmer ist, weiß ich in diesem Augenblick nicht. Es gibt nur einen Weg, es herauszufinden …

Eine andere Frau bemerkt meinen inneren Kampf und schlägt vor, mit mir auf die Bar zu steigen. Das ist ein sehr liebes Angebot. Aber ich weiß, da muss ich allein hinauf, koste es, was es wolle. Mir ist klar, wenn ich es nicht ausprobiere, dann werde ich mich nachher sicher ärgern, weil ich der Angst klein beigegeben habe. Also nutze ich das nächste passende Lied und gehe zielstrebig auf die Bar zu. Ohne Konzept und überhaupt ohne Idee, was ich da oben machen werde. Doch sobald ich mich auf die Bar setze, übernimmt etwas in mir die Regie und es kommt der Impuls, mich einfach auf die Bar zu legen. Als ich beginne, mich langsam aufzusetzen und schließlich aufzustehen, habe ich die Aufmerksamkeit des gesamten Raumes. Mit minimalen Bewegungen und ohne große Anstrengung lege ich eine Vorführung hin, als hätte ich das schon oft gemacht. Ich muss gar nicht überlegen, was ich tun soll, mein Körper bewegt sich wie von selbst. Wäre ich nicht so aufgeregt, könnte ich es sogar genießen. Denn siehe da, ich entdecke in mir eine Frau, die sehr sexy und sehr lasziv sein kann. Über die Wirkung bin ich mehr als erstaunt. Die Leute sind begeistert, johlen, pfeifen und klatschen. Danach habe ich weiche Knie, Herzklopfen und so viel Adrenalin im Körper, als hätte ich Bungee-Jumping hinter mir. Viele kommen auf mich zu und bedanken sich für meine Vorführung.

· ℓ∕∘ ·

Der Dank der Menschen überraschte mich damals noch viel mehr als meine Darbietung. Damit hatte ich überhaupt nicht gerechnet. So hatte ich, indem ich etwas tat, das mir selbst ein Anliegen gewesen war, anderen Freude bereitet. Übrigens: Es sollte nicht bei diesem einen Tanz auf der Bar bleiben.

Beziehungsweise

Wir waren bereits 18 Jahre zusammen und quasi ein altes Ehepaar, als Thomas auf den Basiskurs fuhr und damit Vesseling in unser Leben brachte. Damit begann sich über die kommenden Jahre sehr viel zu verändern. Es kam neuer Schwung und Bewegung in unsere Beziehung, aber es kamen auch Turbulenzen. Manches wurde auf den Kopf und infrage gestellt, Altes über Bord geworfen, Neuem die Tür geöffnet. Es entstand mehr Raum für jeden von uns. Zugleich ist unsere Verbundenheit stärker denn je.

Bei unserer ersten Begegnung, ich war damals 16 Jahre alt, gefiel mir Thomas auf Anhieb: der Ritter, der Fels in der Brandung, und Spaß konnte man mit ihm auch haben. Es sollte ein Jahr dauern, bis wir einander wiedersahen. Gemeinsam mit Freunden gingen wir ins Kino. Da fand ich ihn unausstehlich und arrogant. Später erfuhr ich, dass er vor lauter Schüchternheit nicht gewusst hatte, wie er sich am besten verhalten sollte. So tat er auf cool und lässig – es ging gründlich daneben.

Wieder verging ein Jahr bis zum nächsten Wiedersehen. Als mich Thomas von zu Hause abholte, hatte ich mich gerade so halbwegs von meinen Regelschmerzen erholt, fühlte mich in meiner Haut überhaupt nicht wohl und kam mir nur hässlich vor. Ich öffnete Thomas die Tür: blass, sehr unsicher und im unvorteilhaften alten Jogginganzug. Laut Thomas war das der Moment, in dem er sich in mich verliebte.

Es sollte noch ein halbes Jahr dauern, bis wir es beide wirklich glauben konnten, dass, aus unerfindlichen Gründen, jeder vom anderen geliebt wurde.

Wir waren sehr unterschiedlich. Egal ob es Musik, Literatur oder Filme betraf, die Art und Weise, wie man seine Freizeit verbringt, wo und wie man Urlaub macht oder was man isst. Nichts interessierte uns beide gleichermaßen. Nichts schienen wir auch nur annähernd ähnlich zu machen. Anfangs verband uns beide wirklich nichts, außer der Wunsch, zusammen zu sein. Dieser Wunsch ist nach wie vor da. Geblieben sind allerdings auch die eigenen Interessen und ganz persönlichen Vorlieben. Dazugekommen sind aber durch den anderen gemeinsame Bereiche, die das eigene Leben und die Beziehung im wahrsten Sinne bereichern.

So viel zu den schönen und hellen Seiten, die unsere Beziehung immer gehabt hat. Da wir beide genug Schwere mit uns getragen haben, konnten sich natürlich ausreichend Verhaltensmuster einbürgern, die uns das gemeinsame Leben erschwerten. Vieles lief unbewusst ab. Doch waren uns auch manche der eingefahrenen Muster bewusst. Trotzdem konnten wir nichts dagegen tun. Wir kamen immer wieder in die gleichen Sackgassen. Wo ich dann, im verzweifelten Versuch, eine Lösung zu finden, oft stundenlange Monologe hielt, Thomas sich hingegen immer mehr in sich zurückzog. „Du hast sicher recht", war meist alles, was aus ihm herauszubringen war. Was nicht wirklich half oder Veränderung brachte, mich dafür aber auf die Palme.

Durch Vesseling lernten wir zum einen zu verstehen, was da ablief. Zum anderen hatten wir endlich ein Werkzeug in der Hand, das uns wirklich aus diesen lang eingespielten Mustern heraushalf.

Wir wurden beide aufmerksamer für das, was in jedem von uns vorging. Wir lernten zu verstehen, dass alles, was der andere sagt oder tut, nur in die eigenen alten Wunden und Verletzungen von früher trifft. Mit dem Partner hat die Wut, die man gerade auf ihn hat, oder der Ärger, die Traurigkeit in Wahrheit ja gar nichts zu tun.

Was passiert, wenn man sich streitet?

Der eine sagt etwas, der andere reagiert verstimmt, ärgert sich oder wird sogar wütend. Ein konstruktives Gespräch ist nicht mehr möglich. Denn der eine ist blockiert durch seine Schwere. Wodurch auch immer, hat sich eine Wunde aus der Kindheit aktiviert. Damit ist die erwachsene Person aber nicht mehr vorhanden. Es gibt jetzt, sagen wir, einen 2-Jährigen, der aus seiner Angst oder aus seiner Wut heraus reagiert. Im schlimmsten Fall gerät auch der andere dadurch an eine alte Wunde. Nun sitzen sich auf einmal zwei kleine Kinder gegenüber. Hat es da noch Sinn, weiter zu diskutieren?

Nein, aber genau in diesem Zustand hat man die Chance, aus einem alten Muster auszusteigen und etwas von seiner Schwere loszulassen.

Als wir all das verinnerlicht hatten, hörten wir auf, die Schuld im Außen, in diesem Fall beim Partner, zu suchen. Statt „Das hättest du nicht sagen dürfen" oder „Damit hast du mir sehr weh getan" gab es jetzt die heilsame Erkenntnis: „Was du gesagt oder getan hast, hat etwas in mir ausgelöst." Wir begaben uns aus der Ohnmacht in die eigene Macht und begannen zu handeln.

Die Lösung heißt auch in diesem Fall: sich die eigenen Wunden eingestehen und um eine Sitzung bitten. Schwierig ist ja an dieser Sache nur das Eingestehen der eigenen Wunden. Es ist so schön bequem und einfach, wenn der andere schuld ist.

Ich muss zugeben, dass ich so manches an Thomas auszusetzen hatte. Thomas hingegen wollte mich nie anders haben. Sein Verhalten hat jedoch bei mir des Öfteren etwas ausgelöst. Lange war ich der festen Meinung, an seinem Verhalten stimme etwas nicht. Sonst würde mich das ja nicht ärgern etc. So war es z. B. früher für mich kaum auszuhalten, wenn Thomas morgens noch lange im Bett blieb oder auf der Couch herumlag und nichts Sinnvolles tat. Wobei ich diejenige war, die entschied, was sinnvoll war. Beides war mir selbst nicht möglich und beides bereitete mir körperliches Unwohlsein. Hatte er es sich also gemütlich gemacht, wurde ich immer hektischer und werkelte noch schneller. Dabei tat ich aber nichts, was mir Freude bereitete. Nein, ich putzte dann die Wohnung, räumte auf oder machte sonst irgendetwas, was meine Stimmung noch mehr auf den Nullpunkt sinken ließ. Früher oder später entfuhr mir dann, mehr oder weniger heftig, eine ungute Bemerkung.

Mein Kopf war lange davon überzeugt, dass man es so wie Thomas nicht machen könne. Aber irgendwann dämmerte mir, dass ich mir dieses uralte Problem eigentlich auch einmal ansehen und dazu eine Sitzung machen könnte. Denn vielleicht kam dieses Verhalten nicht aus meinem wahren Ich und es lag ja gar nicht in meinem Wesen, Thomas und die Welt so zu sehen. Die Hoffnung war zwar nicht sehr groß, dass sich da jemals etwas ändern könnte, aber ich wollte es wenigstens versuchen.

Während ein Kollege an mir arbeitete, kam mir eine Erkenntnis nach der anderen. Zum einen wurde mir erst so richtig bewusst, dass ich diese Aufräum- und Putzorgien extra inszenierte, um Thomas erst recht zu zeigen, wie sehr ich mich abrackerte, er dagegen aber nichts tat – eine Erkenntnis, die mir sehr peinlich war. Zum anderen konnte ich mir endlich eingestehen, dass ich immer neidisch gewesen war auf Thomas und seine Fähigkeit, das Nichtstun zu genießen. Ich hatte mich danach gesehnt, auch einfach nur „rumzuhängen".

Nach dieser Sitzung begann sich dieses alte und leidige Thema zu lösen. Zwar bin ich noch immer viel mehr in Bewegung als Thomas – doch das ist einfach mein Fahrzeug. Ich fühle mich in Bewegung und Schnelligkeit wohl. Hinzugekommen ist zum Glück die Fähigkeit, auch mir Zeiten der Langsamkeit und des Nichtstuns zu gönnen. Vor allem aber kann ich Thomas jetzt so sein lassen, in seiner Gemütlichkeit und in seiner Langsamkeit – sehr zu seiner und meiner Freude.

Große Erleichterung brachte das Lösen meiner vielen Angstthemen, die ich all die Jahre mit mir herumgetragen hatte. Erleichterung nicht nur für mich, sondern vor allem auch für Thomas. Er, der Fels in der Brandung, hatte versucht, immer für mich da zu sein. Das war aber oft auf seine Kosten gegangen.

Vor allem bei einer bestimmen Angst war ich sehr auf ihn fixiert gewesen. Sie überfiel mich, wenn ich nachts allein schlafen musste. Kurz bevor ich wirklich einschlief, schreckte ich mit Angst hoch, saß dann mit Herzrasen im Bett und wusste nicht warum. Legte ich mich wieder hin und beruhigte mich, dann nickte ich ein. Nur um im nächsten Augenblick wieder mit Angst hellwach dazusitzen. Irgendwann siegte schließlich die Müdigkeit, das konnte jedoch Stunden dauern.

Das alles war mühsam und anstrengend und mir bewusst begegnet, als ich in meine erste eigene Wohnung zog. Damals kannte ich zum Glück noch keine Panikattacken. So begegnete mir zwar viel Angst, was mühsam war, für mich aber zum Alltag gehörte. Angst war ja irgendwie immer in mir. Außerdem war die Freude über meine eigene Wohnung größer. Irgendwann konnte ich normal einschlafen und vergaß die ganze Geschichte.

Als Thomas anfing, die Vesseling-Kurse zu besuchen und auch dort mitzuarbeiten, hatte ich schon viele Jahre nicht mehr allein geschlafen und war gewissermaßen „aus der Übung". So wurde ich auf einmal wieder mit diesem alten Problem konfrontiert. Jetzt war es viel schlimmer als damals. Denn in der Zwischenzeit hatte mein Körper gelernt, wie er Panikattacken entstehen lassen konnte, und nun machte er reichlich Gebrauch davon. Anfangs konnte ich es ja nicht glauben. Sicher würde ich in der nächsten Nacht wieder ganz leicht einschlafen. Dem war nicht so. Jede Nacht packte mich die Angst. Immer genau in dem Moment, wenn ich vom bewussten in den unbewussten Zustand glitt. Dann kam am Abend auch schon die Angst vor der Angst dazu. Zum Schlafen kam ich kaum noch.

Untertags zu schlafen war aber auch keine Lösung. Denn da begegnete ich einem anderen Problem. Das Einschlafen war hier nicht die Schwierigkeit. Das ging bei Helligkeit immer ganz schnell und leicht. Allerdings begann ich mich nach einer gewissen Zeit selbst aus dem Schlaf zu reißen. Das war ein seltsamer Prozess, in dem ich mich sozusagen von innen her aufweckte. Schließlich war ich wach, jedoch nur mit dem Bewusstsein. Mein Körper schlief noch. Ich hörte dann genau, was um mich herum geschah, konnte jedoch nichts sehen, weil die Augen zu waren. Mir war es aber nicht möglich, sie zu öffnen, weil ich keine Herrschaft über meinen Körper hatte. Ich war gewissermaßen in mir gefangen. War Thomas in der Nähe, versuchte ich seine Aufmerksamkeit zu erregen. Ich schrie und warf mich in mir selbst hin und her, um meinen Körper zu bewegen. Im Außen war dann immer nur ein leichtes Jammern zu hören, mein Körper lag jedoch vollkommen still da. Doch Thomas erkannte meist, was los war, weckte mich ganz auf und erlöste mich aus dieser unangenehmen Situation.

War ich allein, musste ich das „In-mir-Gefangensein" ertragen, bis ich schließlich wirklich aufwachte. Da ich diesen Zustand noch mehr fürchtete, legte ich mich untertags gar nicht hin und kämpfte lieber nachts mit diesem unsichtbaren Feind in mir.

Wenn Thomas bei einem Kurs war, schaltete er sein Handy in der Nacht nicht aus. Wäre es also wirklich nicht mehr anders gegangen, hätte ich ihn anrufen können. Das tat ich nie. Allein zu wissen, ich könnte ihn auf jeden Fall erreichen, gab mir etwas Sicherheit. Allerdings wartete ich während seiner Abwesenheit ständig und sehnsüchtig auf einen Anruf vom ihm. Es war für mich so schwer zu ertragen, ihn nicht zu hören und nicht mit ihm sprechen zu können.

Das war mühsam für Thomas. Denn diesen Zug, den ich auf ihn ausübte, spürte er. Dadurch konnte er sich nie wirklich ganz auf sich konzentrieren. Immer war im Hintergrund die

Sorge um mich oder der Gedanke, irgendwann ein paar Minuten Zeit aufbringen zu müssen, um mich anrufen zu können.

Durch Vesseling gelang es mir, diese nicht greifbaren Ängste zu lösen und in mir so viel Sicherheit zu empfinden, dass ich nicht mehr auf Thomas angewiesen bin und endlich allein schlafen kann, sei es nachts oder untertags, egal ob allein zu Hause oder allein in der Fremde. Eine riesengroße Befreiung für mich und für Thomas.

Thomas, mein wichtigster Kritiker, der meine Geschichte zum einen ja direkt im Leben, aber natürlich auch deren Entstehung auf dem Papier mitverfolgt hat, meinte an dieser Stelle, ich solle hier kurz auch auf seine Veränderungen in Bezug auf unsere Partnerschaft eingehen. Also schildere ich, mit seiner Erlaubnis, was sich aus meiner Sicht an ihm alles verändert hat.

Als Thomas anfing, sich mit Vesseling zu beschäftigen, schlüpfte er aus dem kleinen Buben heraus, der noch so viele seiner Handlungen bestimmt hatte, und wurde zum Mann. Das merkte ich an vielen Dingen: So begann er zum Beispiel, seine Meinung zu sagen und seine Wünsche auszusprechen.

Früher hatte Thomas mir sehr viele Entscheidungen überlassen. Das hatte sich sehr schnell als Muster eingespielt. Er sagte dann oft, es sei ihm egal und er erspare sich Ärger. Da hatte er nicht unrecht. Denn wenn es früher einmal nicht nach meinem Willen gegangen war, hatte das oft in einem Drama geendet.

Immer alles entscheiden zu müssen, kann aber auch zur Last werden. Durch Vesseling entdeckte Thomas, dass ihn sehr oft Ängste davon abgehalten hatten, seine eigenen Entscheidungen zu treffen. Er entdeckte auch, dass er seine Wünsche nicht hatte aussprechen können. Er hatte immer gehofft, die anderen würden erraten, was er gerade wollte. Dann lernte er, endlich NEIN zu sagen, und hörte dadurch auf, mir alles recht machen zu wollen.

Jetzt könnte man denken, dass mich diese Veränderung gestört hätte. Im Gegenteil! Für mich war es befreiend, endlich einen Partner an meiner Seite zu haben, der wusste, was er wollte, und auch danach handelte. Vor allem aber löste sich ein ganz dickes Thema: die Hausarbeit.

Früher waren Kochen, Einkaufen, Putzen und Wäschewaschen nur meine Angelegenheit gewesen. Immer gab mir Thomas das Gefühl, als würde er sich für nichts zuständig fühlen, als ginge ihn das alles nichts an. Er verhielt sich einfach wie daheim bei seiner Mutter. Diese ist mit Leib und Seele Hausfrau und will sich bei ihrer Arbeit überhaupt nicht helfen lassen. Ich hatte mich nie als Hausfrau gesehen. Wir arbeiteten beide in der Grafikbranche, hatten beide viel zu tun, machten viele Überstunden und kamen beide spät heim. Wieso lag dann die Hausarbeit nur bei mir?

Durch Vesseling wurde ich gelassener, lernte über Müllberge zu steigen und das sich stapelnde Geschirr zu ignorieren. Meine Schmerzgrenze blieb freilich auch da weit unter der von Thomas und so räumte schließlich doch ich wieder alles weg. Ja, auch eine Putzfrau hatten wir engagiert. Aber das war auch nicht die Lösung. Denn es ging nicht wirklich ums Putzen oder Aufräumen, das war nicht das eigentliche Thema. Es ging um Verantwortung.

Als Thomas begann, von sich aus mehr und mehr Verantwortung für sich zu übernehmen, zu entscheiden und zu handeln, veränderte das sehr viel in unserer Beziehung. Jetzt habe ich keinen Halbwüchsigen mehr zu Hause, den ich um alles bitten muss, sondern einen richtigen Mann, der von sich aus handelt. Ich genieße es!

Die vielleicht größte Veränderung bei Thomas ist, dass er endlich Gefühle mitteilen kann. Er konnte immer alles ganz tief verstecken und verdrängen. Er war Meister darin, sich selbst abzulenken. Es musste schon ganz schlimm körperlich wehtun und auch dann wollte er noch nicht darüber reden. An solchen Tagen hielt ich es in seiner Nähe nicht aus. Meist konnte ich ihn nicht einmal ansehen. Früher (vor Vesseling) kamen dann von mir Vorschläge wie: „Geh joggen!", oder: „Geh Radfahren!" Bewegung habe ich früher immer als die Lösung aller Probleme angesehen. Das traf aber erst recht auf taube Ohren. Thomas und anstrengende Bewegung? Ein Widerspruch in sich.

Als ich durch Vesseling seine Energie bewusster wahrnahm, erkannte ich erst den wahren Grund, warum ich Thomas manchmal so gar nicht aushalten konnte. Er war dann nicht authentisch. Er tat so, als wäre alles fein und er gut drauf. Er war es aber nicht. Er sah dann auch ganz grau aus, gar nicht wie er selbst. Mit dieser „Lüge" fühlte ich mich dann in seiner Gegenwart nicht wohl. Da mein Körper immer schneller darauf reagierte, begann ich, ihn darauf anzusprechen, ihn also mit seiner Lüge zu konfrontieren. Anfangs war ihm das selbst gar nicht bewusst. So tief und so gut eingespielt war dieses Verhaltensmuster. Er fühlte sich wirklich nicht. Er dachte, es würde ihm gut gehen. Mit der Zeit fing er an, sich selbst besser zu spüren. Schließlich konnte er von sich aus sagen, dass es ihm nicht gut ging. Er hatte keine Angst mehr, seine eigenen schweren Gefühle zu spüren.

Im Bett wird's so richtig nett

Durch Vesseling bekam Sex eine vollkommen neue Dimension. Da taten sich Möglichkeiten auf, von denen ich nicht wusste, dass es die für mich gab.

Sex war für mich früher kein Thema. Für die körperliche Liebe war ich immer nur schwer zu begeistern gewesen. Hin und wieder fand ich es zwar ganz nett. Aber im Großen und Ganzen hatte ich kein wirkliches Bedürfnis. Kuscheln war schön, mehr wollte ich nicht. Wenn ich mich zum Sex überreden ließ, dann fast immer nur, weil ich spürte, dass es für Thomas wichtig war. Ich tat es also mehr ihm zuliebe und versuchte, Freude daran zu haben. Thomas war immer zärtlich, liebevoll und ging auf mich ein. Er verlangte auch nichts, was ich nicht wollte. Was er wirklich wollte, hatte ich mir nie überlegt.

Das Thema war mit vielen ungesagten Dingen, mit Enttäuschung und Problemen beladen. Geredet haben wir darüber aber nicht. Reden hätte damals sicher auch nichts verändert. Ich konnte ja nicht anders. Sex brachte mich zu sehr mit meinen eigenen Problemen in Berührung. Da gab es Schamgefühle, Unsicherheiten, Ängste und vieles mehr. Mir gingen dann so viele Gedanken durch den Kopf, dass ich gar nicht bei der Sache war. Mich fallenzulassen, mich hinzugeben war mir nicht möglich. Ein Orgasmus war eher selten und meist ein reines Zufallsprodukt. Wenn er passierte, konnte ich ihn aber auch nicht wirklich zulassen. Selbst da begegnete ich der Angst. Wovor konnte ich gar nicht sagen. Vielleicht war sie da, weil ich nicht wusste, was dann passieren würde. Manchmal hatte ich beim Orgasmus das Gefühl, keine Luft mehr zu bekommen und zu sterben. Da stoppte ich dann sofort. Kurz gesagt: Ich war ziemlich verklemmt.

Trotzdem sollte es auch in diesem Bereich um einiges leichter werden. Den ersten Schritt tat Thomas. Wir hatten tags zuvor unsere erste Energieaufstellung gehalten. Ein Tag intensiver Energiearbeit geht auch an uns nicht spurlos vorüber – das ist ganz im positiven Sinn gemeint. So war es Thomas nach zwei Jahrzehnten des Stillschweigens auf einmal möglich, über seine sexuellen Bedürfnisse zu reden. Endlich konnte er mir gestehen, wie sehr ihn dieses Thema belastete und beschäftigte. Jetzt konnte er aussprechen, was er sich wünschte und wonach er sich sehnte.

Das war ein großer Schritt, der sehr viel Veränderung mit sich brachte. So konnte auch ich mir meine unerfüllten Sehnsüchte eingestehen. Und auch ich fing an, darüber zu reden. Wir begannen im Bett immer mehr Spaß zu haben, zu experimentieren, und gingen viel mehr auf die Wünsche des anderen ein.

Direkt zum Thema Sex hatte ich keine Sitzung gemacht, da es mir ja nicht als Problem erschienen war. Doch die Leichtigkeit, die sich durch andere Sitzungen mehr und mehr in mir ausgebreitet hat, lässt mich meine Sexualität nun vollkommen anders leben.

Ich bin jetzt ganz in meinem Körper, kann genießen, mich endlich hingeben und voll auf Thomas einlassen. Wunderschöne gemeinsame Momente und Höhepunkte sind dadurch möglich. Thomas hat zum Thema Sexualität einmal eine Sitzung gemacht, deren Wirkung wir seither genießen können – aber diese Geschichte muss Thomas selbst erzählen.

Die Allergien verfliegen

Als ich etwa 14 Jahre alt war, begann mein Körper auf blühende Bäume, Gräser und Getreide, auf Pferde- und Katzenhaare und auch auf Alkohol allergisch zu reagieren. Am heftigsten war die Allergie auf Katzenhaare und Alkohol. Die Katzenallergie traf mich besonders, weil es mich von klein auf zu Katzen hinzog. Zwar konnte ich eine Katze im Freien streicheln, musste aber sorgfältig darauf achten, mich nicht im Gesicht zu berühren. Irgendwie gelangte immer ein Haar auf meine Schleimhäute und dann reagierte mein Körper auf das Heftigste.

Dass ich keinen Alkohol trinken konnte, war für mich damals nicht weiter tragisch. In späteren Jahren war es mir oft lästig, bei Einladungen oder Feiern immer wieder erklären zu müssen, warum ich kein Glas Wein wollte. Manchmal wurde ich belächelt, meist glaubte man mir nicht.

Diese Allergien habe ich vererbt bekommen. Mein Vater leidet darunter. Ebenso seine jüngere Schwester. Sie hat sich einmal desensibilisieren lassen und ihr Körper antwortete darauf mit noch mehr Allergien. Somit kam eine Desensibilisierung für mich nicht in Frage. Ich musste eben mit diesen Allergien leben. Von Allergien weiß man ja auch, dass sie im Alter eher noch zunehmen. Also ein hoffnungsloser Fall, oder?

Dass in diesem Fall nicht mit Verbesserung zu rechnen war, hatte ich so sehr verinnerlicht, dass ich nie daran dachte, eine Sitzung zum Thema Allergie zu machen. Es gab so viel anderes, was mich noch mehr belastete oder beschäftigte – meistens Themen, die mit Angst in Verbindung standen.

Aber was geschieht, wenn man an der Energie arbeitet? Wenn man Schwere auflöst, es leichter und heller wird, Körper und Seele weniger belastet sind? Den Selbstheilungskräften steht immer mehr Energie zur Verfügung. Meine Allergien sind weg.

Jetzt kann ich mit Katzen schmusen oder mich beim Putzen des Pferdes mit Staub und Haaren bedecken und ich kann endlich ein gutes Glas Rotwein genießen. Mir schmecken schwere Rotweine. Dazu passt dunkle Schokolade ganz ausgezeichnet, finde ich. Der Histamin-Schocker schlechthin, wie mir ein Arzt erklärte.

Ich singe!

Früher hatte man mich auf Partys meist mit einem Glas Wasser antreffen können. Diesem Umstand verdanke ich es, dass mir in einem Kurs einmal ein ganz dickes Thema aufgezeigt wurde. Das Thema selbst ist nicht so interessant, aber was nach dem Lösen dieser Blockade möglich war, überraschte mich sehr.

Es ist Abend. Wir sitzen gemütlich beisammen. Ein Kursteilnehmer spielt Gitarre. Da fängt eine Frau zu singen an. Ganz ungezwungen und mit Leichtigkeit singt sie für uns. Es klingt wunderschön. Ich bin begeistert und beneide sie um ihre Stimme. Gesungen habe ich zwar immer schon gerne, aber nur für mich allein. Wird in der Gruppe gesungen, bin ich meistens gehemmt, überlege, wie meine Stimme wohl klingt und singe eher leise. Wie es wohl ist, wenn man einfach so vor anderen singen kann? Für mich fühlt es sich auf einmal nach großer Freiheit an. Da erfahre ich, dass diese Frau Schauspielerin ist. Ein Profi also. Sie hat es gelernt und ist gewohnt, auf der Bühne zu stehen, versuche ich den Neid für mich zu relativieren. Gleich darauf singt eine andere Teilnehmerin für uns ein Lied. Sie hat eine tiefe, volle Stimme. Auch sie singt mit einer Selbstverständlichkeit, als wäre es nichts, vor einer Gruppe zu singen. Wieder bin ich hingerissen. Wieder spüre ich die Sehnsucht, auch eine schöne Stimme zu haben, auch Singen zu können. Später erfahre ich von ihr, dass sie Gesangsunterricht nimmt. Aber nur für sich, nur weil es ihr Freude macht.

Es ist ein ruhiger und entspannter Abend. Man trinkt Bier und Wein, ich natürlich wieder nur Wasser. Im Laufe des

Abends kommt Martin mit seiner Bierflasche auf mich zu, tippt an mein Wasserglas und meint: „Jetzt trink doch auch endlich mal was!"

In der Sekunde ist es mit meinem inneren Frieden vorbei. Das Gefühl, nicht zu genügen, so wie ich bin, übertönt alles und ich werde so richtig wütend. Warum muss Martin das gerade jetzt zu mir sagen? Kann er mich nicht einfach in Ruhe lassen? Eben habe ich noch den Abend genossen und jetzt das! Wie komme ich dazu? Warum muss mich das überhaupt so aufregen?

Zum Glück braucht es der Kopf nicht zu verstehen. Die Emotionen sind da und der Situation überhaupt nicht entsprechend. Ein harmloser Satz hat in ein großes Potenzial an Wut getroffen. So etwas kenne ich nur allzu gut.

Das Außen ist unser Spiegel. Das Gegenüber aktiviert alte Wunden in uns. Das ist mir nach langer Zeit des Widerstands endlich in Fleisch und Blut übergegangen. Somit weiß ich also, dass Martin gewissermaßen nur ein „Mittel zum Zweck" ist und ich durch ihn soeben die Möglichkeit bekommen habe, wieder etwas loszulassen. Nichtsdestoweniger habe ich gegen die Wut keine Chance. Die Macht, die sie über mich hat, und auch ihre Kraft sind überwältigend. Am liebsten würde ich jetzt toben, schreien und etwas zertrümmern. Freilich, ich tue nichts dergleichen (das habe ich früher oft genug getan), sondern suche mir eine Kollegin und bitte um eine Sitzung.

Als es wieder still in mir ist, fühle ich mich wie nach einem langen, aber erfolgreichen Kampf. Müde und ruhig liege ich da. Der Anlass der Sitzung ist uninteressant und Vergangenheit geworden. Dafür weiß ich auf einmal ganz genau, was ich will: Singen, und zwar nicht nur für mich allein im stillen Kämmerlein, sondern vor der gesamten Gruppe.

Dafür gibt es ein paar Tage später auch die Gelegenheit. In diesem Kurs wird nämlich jede und jeder der Gruppe etwas geben. Egal, was es ist: etwas Selbstgedichtetes vortragen, eine Geschichte erfinden, musizieren, was auch immer.

Sicher denkt hier der eine oder die andere: „Oh Gott, bin ich froh, dass ich nicht in diesem Kurs bin. So was will ich gar nicht machen." Die meisten Teilnehmerinnen und Teilnehmer reagieren genauso. Wenige wollen wirklich auf die „Bühne". Fast alle sind überzeugt, dass sie nichts können und dass sich die Gruppe für das, was sie vortragen, sicher nicht interessieren wird. Wenn man so einen Abend mitmacht – und ich habe davon inzwischen schon einige miterleben dürfen –, dann staunt man, wie viele Talente in den anderen schlummern. Die meisten wissen es nur nicht.

Nach der Sitzung steht mein Entschluss also fest: Ich werde an jenem Abend der Gruppe ein Lied vorsingen. Der Kurs bietet einen geschützten Rahmen. Da darf alles sein. Also wird man mich auch singend aushalten. Das passende Lied findet sich sehr schnell: „Those where the days". Da passt die Stimmlage und ich kann es auswendig. Allerdings bin ich noch unsicher. Ist das wirklich eine gute Idee? Da kommt unerwartet Unterstützung von den beiden Sängerinnen. Die Schauspielerin bietet an, mich auf dem Klavier zu begleiten, und die andere Teilnehmerin gibt mir „Gesangsunterricht".

Dann ist der Vortragsabend da. Bin ich aufgeregt! Wieder ist es ein Abend, an dem wir alle staunen, was da in uns steckt und was alles gelebt werden will. Die Stillste unter uns überrascht mit ihrem Talent zur Komödiantin. Schließlich bin ich an der Reihe. Ich gehe nach vorn und stelle erstaunt fest: Ich freue mich, mein Lied zu singen. Es scheint auch den anderen Freude zu bereiten. Mein Publikum singt sogar den Refrain mit.

· ✑ ·

Das Klavier und ich

Immer schon hat es mich fasziniert, wenn jemand Klavier-spielen kann. Als 6-Jährige hatte ich mit dem Klavierunterricht begonnen. Trotz unzähliger Fingerübungen und Mozartsona-ten spielte ich gerne, jedoch auf meine Art und Weise. Wenn mir eine Melodie gefiel, dann übte ich dieses Stück gerne. Überhaupt musste ich die Stücke einmal gehört haben, um zu wissen, wo es hingehen sollte. Mir alles nur durch Zählen zu erarbeiten, wie es meine Klavierlehrerin vorschrieb, fiel mir sehr schwer. Als ich fünfzehn war und die Schule immer mehr Zeit in Anspruch nahm, war das für mich die Gelegenheit, mit dem Klavierunterricht aufzuhören.

Gespielt habe ich für mich noch länger, einfach so, und wie es mir Spaß machte. Aber immer mit dem Gefühl im Hinter-grund, es nicht wirklich gut zu können, nicht wirklich dafür geeignet zu sein. So hatte ich es all die Jahre im Unterricht vermittelt bekommen. Betrat jemand das Zimmer, während ich am Klavier saß, verspielte ich mich meist und nahm die Finger von den Tasten. Kam ich jedoch in die Nähe eines Klaviers, zog es mich magisch zu diesem Instrument hin. Nur saß ich dann hilflos davor. Es war wie verhext. Meine Hände lagen stumm auf den Tasten. Alle Melodien waren weg. Meine Finger wuss-ten nichts zu spielen.

Mit der Zeit hörte ich ganz auf. Ich vergaß das Klavier. Erst auf dem Basiskurs, als Martin sich während einer Zeremonie ans Klavier setzte und zu spielen begann, kam die alte Sehn-sucht wieder. Das wollte ich auch können: mit den Fingern über die Tasten streichen und Melodien entstehen lassen.

Gleich nach dem Basiskurs holte ich die alten Noten hervor und begann von vorne. Ich hatte sicher über ein Jahrzehnt nicht gespielt. Meine Finger waren ungeübt und steif, aber sie erinnerten sich schneller, als ich es erwartet hatte. Immer öfter saß ich vor dem Klavier.

Eines Tages hörte ich ein Stück von J. S. Bach und es war um mich geschehen. Sofort besorgte ich mir die Aufnahme mit Glenn Gould und hörte sie wieder und wieder. Schließlich wusste ich: Das will ich spielen können. So kaufte ich mir die Noten und fing, naiv und begeistert, einfach an zu üben. (Falls es jemand genau wissen will: Konzert für Klavier nach Alessandro Marcello, d-Moll BWV 974.)

Eineinhalb Jahre lang blieb ich bei diesem Stück, bis mir klar wurde, dass ich das allein nicht schaffen konnte. Jemand musste mir dabei helfen. Aber ich suchte nicht nach einem Lehrer. Meine Erfahrung aus der Kindheit hielt mich davon ab.

Ein paar Wochen später meldete sich ein Klient von früher, aus den Anfangszeiten meiner Praxis. Er war Pianist. Das wusste ich, sonst kannte ich ihn nicht. Wir hatten über die Ferne gearbeitet. Jetzt wollte er wieder drei Sitzungen bei mir machen. Welch Zufall!

Natürlich kam mir sofort die Idee, ihn zu fragen, ob er mir Unterricht geben könnte. Aber war das eine gute Idee? Mir war klar, dass wir dann Rollen tauschen würden. Er würde mich mit meinen Ängsten und Unsicherheiten kennenlernen. Wollte ich das wirklich? Ich spürte in mich hinein. Es fühlte sich trotzdem gut an.

Nach der dritten Sitzung fragte ich und wartete aufgeregt auf die Antwort. Vielleicht lebte er gar nicht in Wien und vielleicht gab er auch keinen Unterricht ... Doch, er lebte in Wien, und ja, er würde sich freuen, mich zu unterrichten. Zwei Wochen später hatte ich meine erste Klavierstunde bei ihm. War das ein Wechselbad an Gefühlen! Zwar hatte ich damit gerechnet, meiner Unsicherheit zu begegnen, aber ich war nicht darauf vorbereitet gewesen, mich plötzlich wie eine 6-Jährige zu fühlen. Die „erwachsene" Ursula, die Sitzungen gab, Menschen führen konnte und Seminare hielt, war plötzlich nicht mehr vorhanden. Zum Vorschein kam ein verunsichertes Kind, das riesengroße Angst hatte, Fehler zu machen. Ich verkrampfte mich bei jeder falschen Note und hörte sofort auf zu spielen. Es war erstaunlich, wie sehr dieses alte Muster in meinem Körper eingespeichert war. Der Druck, alles richtig machen zu müssen, war so groß, dass ich kaum die Kapazität hatte zu lesen, was auf dem Notenblatt stand. Dabei saß neben mir jetzt nicht die strenge alte Dame von früher, sondern ein einfühlsamer junger Mann, der mir Raum gab und mich in dieser ersten Stunde mehr lobte, als ich es in den gesamten 10 Jahren Unterricht erlebt hatte. Nur konnte ich das Lob nicht nehmen, konnte nicht glauben, dass mein Klavierspiel „lobenswert" sei.

Durch den Schritt, wieder Klavierunterricht zu nehmen, bekam ich Zugriff auf einen sehr versteckten, aber auch sehr verletzten Teil von mir. So machte ich Sitzungen zu den Ängsten, die mir da begegneten, und lernte recht schnell, wie ich vor dem Klavier immer mehr ich selbst bleiben konnte, auch wenn mir dabei ein professioneller Pianist auf die Finger sah. Zu meiner großen Überraschung begann ich auf einmal, über meine Fehler zu lachen, meine Unsicherheit anzusprechen und endlich auch zuzugeben, wenn ich etwas nicht verstand – sehr große Schritte für mich.

Mein geliebtes Stück von J. S. Bach konnte ich nach mehreren Monaten spielen (vorerst einmal nur das Adagio, die beiden anderen Teile müssen noch ein wenig warten). Dabei lernte ich sehr viel mehr, als nur das Stück zu spielen.

Inzwischen sind viele andere Stücke dazugekommen, quer durch den Gemüsegarten, und einige, die ich mir selbst nie zugetraut hätte.

In letzter Zeit kann ich auch weiterspielen, wenn jemand den Raum betritt. Es macht mir sogar Freude, für andere zu spielen. Das konnte ich auf den Kursen der Energieschule erfahren. Dort gibt es immer wieder die Möglichkeit, Musik zu machen. So kann man mich jetzt dort auch am Harmonium oder an der Harfe finden. Endlich ist die Freiheit in mir, mich zu einem Instrument zu setzen und zu spielen, so wie es gerade aus mir heraus will.

Mehr und mehr genieße ich es, Klavier spielen zu lernen und in das Universum Musik einzutauchen. Das Klavier ist ein fixer Bestandteil meines Lebens geworden. Es ist jetzt selbstverständlich, dass es zu mir gehört. Die alten Zweifel von früher gibt es nicht mehr, dafür aber die Freude darüber, endlich zu leben, was so lange nur Sehnsucht gewesen ist.

Das Glück der Erde

Es ist ein wunderschöner Tag im Spätsommer. Wir fahren durch einen kleinen Ort im Weinviertel, der drei Reitställe beherbergt und somit sicher mehr Pferde als Einwohner hat. Wir kommen öfter hier vorbei und immer freue ich mich, wenn ich Pferde auf den Koppeln sehe.

Zwei Mädchen kommen uns mit ihren Pferden entgegen. Thomas geht vom Gas und wir rollen langsam an ihnen vorbei. Der vertraute Klang der Hufe auf dem Asphalt und das Schnauben der Pferde bringen etwas in mir zum Schwingen und eine Sehnsucht wird wach: „Es wäre schön, wieder zu reiten", sage ich. „Nicht im Schulbetrieb, bei jemanden mitreiten, in einem Stall ganz in meiner Nähe. Das wäre mir am liebsten."

Wir lassen den Ort hinter uns und ich damit auch die Gedanken ans Reiten.

Drei Tage später bin ich bei meinem Frisör. Die Dame, die mir den Umhang am Hals befestigt, fragt: „Reiten Sie noch?"

Verdutzt blickte ich sie an. Vor Jahren hatten wir einmal über das Reiten gesprochen. Während ich mich noch wundere, dass sie ausgerechnet heute danach fragt, erzählt sie mir, ihr Mann suche eine Mitreiterin für das Pferd der Tochter. Die jetzige Mitreiterin höre nach fünf Jahren auf und die Tochter habe schon lange keine Zeit mehr für ihr Pferd.

In mir beginnt blitzschnell ein Film zu laufen, in dem ich bereits auf diesem Pferd sitze. Ich versuche meine Fantasie zu zügeln, und frage nach, wo denn das Pferd eingestellt sei. Sicher in einem Stall irgendwo weit weg und damit hinfällig. Aber nein, der Ort, der mir genannt wird, liegt etwa 10 Autominuten von meiner Wohnung entfernt! Ob ich mir das Pferd einmal ansehen könnte?

Am nächsten Vormittag sitze ich im Sattel. Zwar habe ich keine Kondition mehr, aber mein Körper erinnert sich noch an alles. Nach dem Galopp bin ich überglücklich. Der Besitzer räumt mir einen Monat Bedenkzeit ein. Doch ich habe mich bereits verliebt: in Amanda, eine 14-jährige Hannoveraner Stute.

· ❧ ·

Pferde haben mich fasziniert, solange ich zurückdenken kann. Die Geschichten von Fury, dem schwarzen Mustang, der sich nur vom kleinen Joey reiten lässt, hatten über Jahre hinweg zu meinen Lieblingsbüchern gezählt. Indes gehöre ich nicht zu den typischen Reiterinnen, die bereits im Volksschulalter auf Ponys dahinstürmten. Erst im „hohen" Alter von 27 Jahren schwang ich mich in den Sattel und nahm Reitunterricht. Mit dabei waren meine mannigfaltigen Ängste, die durch meine rege Fantasie immer wieder Nahrung fanden. Angst erschwert das Reitenlernen enorm. Der Körper ist angespannt. Das Pferd nimmt jede noch so kleine Unsicherheit sofort wahr und reagiert je nach seinem Charakter darauf, sei es mit Ungehorsam, gar nicht oder – was für mich immer am schlimmsten war – ebenfalls mit Angst.

Damals war es normal für mich gewesen, Angst zu haben. Ich war es gewohnt, mich durch dieses Gefühl einschränken zu lassen. Auf die Idee, etwas gegen die Angst zu tun, kam ich nicht. Das Leben bot mir in diesem Fall jedoch eine Möglichkeit, die mir half, dieses hinderliche Gefühl zu umgehen: Es kam nämlich sehr bald eine Reitlehrerin in mein Leben, die meine Ängste nicht als sonderbar und unnötig abtat, wie so manche vor ihr – allein das half mir bereits enorm –, sondern die sich auch immer wieder etwas Neues einfallen ließ, um meine Ängste auszutricksen. So ließ sie mich eines Tages auf ihrem besten Turnierpferd reiten. Es war zuverlässig, ausgeglichen, ruhig und ein Traum von einem Pferd. Nach diesem Erlebnis schwebte ich einige Tage wie auf Wölkchen durchs Leben.

Dieser große und mächtige Wallach wurde später mein Pferd und mein Lehrer. Rohrspatz, so sein Kosename, genoss bei mir seinen Lebensabend und ich hatte das Privileg, auf diesem wunderbaren Pferd reiten zu lernen. Vier Jahre war er bei mir. An einem Frühlingstag, als wir gerade in der Sonne spazierten, ging er von dieser Welt, mit derselben Ruhe und Größe, die er auch auf dem Dressurviereck ausgestrahlt hatte. Rohrspatz hatte mein Reiterleben so geprägt, dass ich keine Lust hatte, mir ein neues Pferd zu suchen.

Sechs Jahre später kam Amanda, die bis auf ihre Färbung das genaue Gegenteil war. Die Stute, obwohl schon 14 Jahre alt, war im Können auf dem Stand eines jungen Pferdes und vollkommen unerzogen. Sie hatte überhaupt kein Vertrauen. Kam man ihr zu nahe, wollte sie putzen oder gar satteln, legte sie sofort die Ohren an und knirschte mit den Zähnen. Auf alles, was der Stute fremd war, reagierte sie mit Widerstand und Angst. Bei unserem ersten Longieren stürmte sie einfach geradeaus weiter. Mich überraschte sie damit so sehr, dass ich vergaß, die Longe loszulassen. Zum Glück zerbrach der Karabiner und so kamen weder Amanda, die quer durch die gesamte Halle galoppierte und buckelte, noch ich zu Schaden. Saß man im Sattel, buckelte sie zum Glück nicht, tendierte aber dazu, nicht auf den Reiter zu hören, und rannte, wenn sie gar nicht mehr wollte, einfach los.

Auf einem dahinstürmenden Pferd zu sitzen, das nicht mehr auf mich reagiert, gehörte zu meinen Albträumen. Interessanterweise hatte Amanda beim Proberitt lammfromm getan und so, als könnte sie kein Wässerchen trüben. Vielleicht hatte sie gespürt, dass wir beide zusammengehörten. Waren wir einander nicht sehr ähnlich? Ängstlich und sehr oft im Widerstand. Tun, was ein anderer sagt? Sicher nicht!

Durch Amanda wurde ich mit sehr vielen Themen konfrontiert. Die meisten davon lösten in mir Angst aus. Damals mit Rohrspatz hatte ich keine Angst mehr gehabt, wenn ich im Sattel saß. Jedoch nicht, weil die Themen dahinter gelöst waren, sondern weil ich wusste, dass ich ihm blind vertrauen konnte.

Hier boten sich mir nun genügend Gelegenheiten, bei denen ich spürte, wie viel Angst noch in mir war. Jetzt hatte ich allerdings auch ein Mittel, um die Ursachen dafür zu lösen.

Mir war durchaus bewusst, dass es sich hier um Jammern auf hohem Niveau handelte. Der Angst und den Problemen nur im Sattel zu begegnen statt wie früher ständig und überall, war in vielerlei Hinsicht Luxus. Aber auch hier wollte ich sie nicht haben. Eigentlich hatte ich nach Entspannung und angenehmer Freizeitbeschäftigung gesucht, nicht nach Schwierigkeiten und Problemen. Warum war es so schwierig, Amanda zu reiten? Warum war sie so widerspenstig? Wollte sie denn überhaupt geritten werden? War Amanda wirklich das richtige Pferd für mich?

Immer wenn ich bei der letzten Frage ankam, fiel mir ein, wie es mit uns beiden angefangen hatte. Ich hatte nicht nach ihr gesucht. Sie war zu mir gekommen wie durch Zufall – sie war mir zugefallen. Offenbar war sie genau jetzt das richtige Pferd für mich. Auch wenn es sich manchmal gar nicht danach anfühlte …

So machte ich weiterhin Sitzungen zu den Zweifeln und den Ängsten und zu allem, was sich mir in den Weg stellte. Mit der Zeit wurde ich ruhiger und sicherer. Darauf reagierte die Stute. Immer öfter zeigte sie mir, dass sie sich mit mir wohlzufühlen begann. Als sie sich auf einem Spaziergang im Freien auf dem Boden wälzte, während ich sie am Strick hielt, war das ein ganz großer Vertrauensbeweis. Da ein Pferd aus dieser Position nicht so rasch flüchten kann, wälzt es sich nur, wenn es sich sehr sicher fühlt. Amanda vertraute mir in diesem Moment zum ersten Mal ganz offiziell ihr Leben an.

Den anderen Reitern im Stall fielen die Veränderungen von Amanda auf. Dem Vater der Besitzerin fielen sie auf. Eines Tages fragte er mich, ob ich Amanda übernehmen wolle. Er würde sie mir schenken. Niemand in seiner Familie war noch am Reiten interessiert. Er liebte die Stute und wollte sie in guten Händen wissen.

Amanda – mein Pferd! Alles jubelte in mir. Dann kamen Zweifel und Ängste. Die Kosten für ein Pferd sind sehr hoch. Konnte ich mir das jeden Monat leisten? Auch noch über Jahre hinweg? Ich konnte ja nie im Vorhinein sagen, ob und wie viele Klienten zu mir kamen. Und erst die Tierarztkosten, im Fall von Verletzungen und Krankheit …

Um zu sehen, was da auf mich zu kam, schrieb ich mir die Kosten zusammen. Es fühlte sich nach einer großen Last an. Eine Woche rang ich mit mir. Schließlich sagte ich ab. Lieber wollte ich es so beibehalten, wie es jetzt war. So war es am besten.

Einige Monate später ist Martin wieder in Wien, um ein Konzert zu geben. Viele seiner neuen Lieder höre ich zum ersten Mal. Zwei fallen mir besonders auf. In dem einen geht es darum, was man an dem heutigen Tag gemacht hat. Jeder, der will, kann eine Strophe singen. Aber es geht nicht um Leistung, nein, im Gegenteil. So gibt es dann Strophen, die lauten: „Ich habe in den Himmel geblickt und sonst nichts." Oder: „Ich habe gelacht und sonst nichts." Das andere Lied heißt: „Wenn nicht jetzt, wann dann?"

Anschließend plaudere ich mit Freundinnen und Kollegen und erzähle natürlich von Amanda. Ein Freund hört aufmerksam zu, als ich vom Angebot des Besitzers und meiner Entscheidung spreche.

„Das Leben schenkt dir etwas und du nimmst es nicht?", ist seine erstaunte Frage, und er sieht mich nachdenklich an.

Gerade am nächsten Tag habe ich am Telefon wieder einmal eine Meinungsverschiedenheit mit dem Vater der Besitzerin.

Ich will Amandas Zähne vom Tierarzt ansehen lassen, da ich das Gefühl nicht loswerde, dass sie Schmerzen hat. Eine Untersuchung wäre unnötig, bekomme ich als Antwort. Nach dem Gespräch bin ich wütend. Am liebsten würde ich irgendetwas zertrümmern. Thomas gibt mir sofort eine Sitzung. Währenddessen geht mir unendlich viel durch den Kopf. Das ist nicht unsere erste Meinungsverschiedenheit in Bezug auf Amanda. Unsere Ansichten gehen in vielen Punkten auseinander. Während ich daliege und in mir unaufhörlich Gedanken kreisen, wird mir mehr und mehr bewusst, dass ich so nicht mehr weitermachen will. Diese Situation belastet mich. Bis jetzt habe ich es mir nur nicht eingestehen wollen. Für mich stehen die Bedürfnisse Amandas im Vordergrund. Der Mensch hat sich darum zu kümmern, dass es seinem Pferd gut geht. Im Fall von Amanda wird nach meinem Dafürhalten oft nicht so entscheiden.

Es gibt nur zwei Möglichkeiten: Entweder ich lasse Amanda los – allein der Gedanke daran tut weh – oder ich übernehme Amanda ganz, mit allen Konsequenzen. Dieser Gedanke gibt mir ein weites und offenes Gefühl und lässt bisher ungeahnte Möglichkeiten zu. Zum Beispiel: Amanda mit einem anderen Pferd gemeinsam auf die Koppel stellen zu können; oder ihr Stroh statt wie bisher Sägespäne in die Box geben zu lassen; Amanda endlich reitfreie Tage bieten zu können, so oft ich es will. Kurz: Ich könnte ganz nach meinem Herzen und Gefühl entscheiden. Da höre ich auf einmal eine Liedzeile vom gestrigen Konzert in mir: „Wenn nicht jetzt, wann dann?" Da weiß ich, was zu tun ist.

Auch an diesem Abend gibt Martin wieder ein Konzert. Ich gehe hin und kann singen: „Ich habe mir ein Pferd schenken lassen und sonst nichts!"

· ℯ∕ℴ ·

Pferde stärken

Seit dem Konzert hat sich viel getan und viel verändert. In wenigen Sätzen gesagt: Ich habe jetzt den Raum und die Freiheit, das zu tun, was sich für mich in Bezug auf Amanda gut anfühlt, und das tut uns beiden gut. An manchen Tagen verbringen wir einfach nur Zeit zusammen. Amanda grast auf der Koppel und ich schaue ihr zu. Oder wir gehen spazieren und genießen das Leben, ohne etwas zu arbeiten, ohne etwas zu leisten.

Amanda kommt jetzt gemeinsam mit einer anderen Stute auf die Koppel. Die beiden sind inzwischen ein eingeschworenes Team und unzertrennlich. Amanda hat sich zu einem Pferd entwickelt, das an anderen Pferden interessiert ist und nicht mehr, so wie früher, von Haus aus die Ohren anlegt und ausschlägt. Ja, Amanda hat die Welt entdeckt und die Liebe. Gibt es auf der Koppel männliche Nachbarn, dann wird geflirtet, was das Zeug hält. Selbstverständlich gibt dabei immer Amanda vor, wie viel ihr Verehrer an ihr knabbern darf. Am Ende es Tages steht sie zufrieden mit „Knutschflecken" in ihrer Box, die jetzt natürlich mit Stroh eingestreut wird.

Ich selbst habe mich zu einer lässigen und entspannten Reiterin entwickelt, die der Geschwindigkeit nicht mehr abgeneigt ist. Nun reite ich Amanda hauptsächlich am hingegebenen Zügel und das zu meiner eigenen Überraschung auch im Galopp. Für uns beide ein neugewonnenes Gefühl der Freiheit. Wann immer es geht, sind wir im Freien unterwegs. Die Halle, deren Schutz ich früher immer gesucht habe, sieht uns nur, wenn die Bodenverhältnisse es nicht anders zulassen.

In der Zeit, als ich Amanda nur gemietet hatte, machte ich bereits den einen oder anderen Versuch, mit ihr auf der energetischen Ebene zu arbeiten. Doch stieß ich dabei oft auf Widerstand. Verhaltensmuster, die für kurze Zeit weg waren, kamen bald wieder. Auch wenn Amanda insgesamt ruhiger geworden war, gab es so viele Bereiche, wo ich mit ihr auf der Stelle trat und nicht weiterkam. Wenn man mit Tieren arbeitet, dann bezieht man immer den Menschen mit ein, der sich am meisten mit dem Tier beschäftigt. Zwischen Tier und Mensch gibt es eine tiefe Verbindung. Das Tier spiegelt meist dessen Themen wieder. Probleme des Tieres hängen also eng mit der Bezugsperson zusammen.

Amanda steckte in einem Beziehungsgeflecht: Da gab es die eigentliche Besitzerin, die keine Zeit mehr für sie hatte; deren Vater, der sich um das Pferd kümmerte; eine weitere Mitreiterin und schließlich mich. Menschen mit vollkommen unterschiedlichen Ansichten, Vorstellungen und Wünschen. Als Amanda zu meinem Pferd wurde, brachte dieser Umstand natürlich viel Klarheit ins Beziehungsgeflecht. Sie begann ab da auch viel stärker auf die energetische Arbeit zu reagieren.

Dann lehrte Martin eine neue Technik namens Vesseling Opera. Dabei arbeitet man noch viel direkter in der Energie des Klienten. Man lernt, Blockaden gegenständlich zu sehen und diese aus dem Energiefeld zu lösen. Diese neue Technik bietet sich ganz besonders bei körperlichen Problemen an, seien es Verspannungen, Verletzungen, alte Narben, Brüche usw.

Noch bevor ich selbst auf diesen Kurs fuhr, hatte ich bereits die Idee, dass man damit vielleicht gerade bei Pferden und deren ewigen Verletzungen im Bereich der Sehnen und Gelenke, aber auch bei Verspannungen ein ideales Mittel zur Hand hätte. Im Kurs sah ich, dass diese Technik von Martin ausschließlich für Menschen gelehrt wird. Man tritt dabei auch interaktiv mit dem Klienten in Verbindung. Eine sehr spannende und wirksame Methode, die mich sofort begeisterte.

Die Idee, damit an Pferden oder überhaupt an Tieren zu arbeiten, ließ mich aber nicht los. So fragte ich Martin nach seiner Meinung und bekam grünes Licht: „Mach einfach mal."

Wieder im Stall, gehe ich mit meiner Stute in die Halle. Wir sind allein und ich löse Amanda vom Führstrick. Sie soll sich frei bewegen können. Das ist mir wichtig. Denn ich will ja ihre Reaktion auf Vesseling Opera erfahren. Da Amanda nicht gerne kuschelt und Nähe nur bedingt aushält, weicht sie auch sehr schnell zurück oder geht weg, wenn sie kann.

Nachdem Amanda die Halle inspiziert hat, findet sie einen Platz, der ihr gefällt, und bleibt ruhig stehen. Ich geselle mich zu ihr und betrachte ihr Energiefeld. Meine Aufmerksamkeit wird zu ihrem rechten Hinterbein gezogen. Dort hat sie sich bereits zwei Mal eine Sehne und vor einiger Zeit auch das Knie verletzt. Es dauert nicht lange und ich kann einen Stacheldraht wahrnehmen, der um das Bein gewickelt ist. Langsam und vorsichtig löse ich den Stacheldraht. Amanda steht regungslos wie ein Standbild. Als Nächstes sehe ich eine Art Holzgerüst, das um ihr Knie befestigt ist und das Gelenk in seiner Beweglichkeit einschränkt. Es ist angenagelt und die langen schwarzen Nägel scheinen tief in den Pferdekörper einzudringen. Vorsichtig greife ich nach dem ersten Nagel. Da dreht mir die Stute den Kopf zu und blickt mich interessiert an. Da sie ruhig stehen bleibt, entferne ich Nagel um Nagel und schließlich das gesamte Holzgerüst. Kaum bin ich damit fertig, dreht sie den Kopf wieder nach vorne und entlastet das rechte Hinterbein. Als Nächstes fällt mir bei ihrem Widerrist etwas auf. Da steckt seitlich ein Messer.

Natürlich steckten diese Gegenstände nicht wirklich in meinem Pferd. Sie waren nur ein Ausdruck von blockierter Energie. Auch im Kurs hatte ich viele Messer, Lanzen, Speere, Pfeile, Glasscherben etc. gesehen und entfernt. Dabei erzählt

man seinem Klienten, was man sieht und wie man es ent-
fernt. Der Klient seinerseits sagt, wie er sich fühlt und was
er wahrnimmt. Ich habe selbst an mir die Wirkung dieser
Technik gespürt und war sofort fasziniert von dieser direkten
und schnellen Hilfe. So einfach, so klar. Einfach genial. Und
doch: Wenn jemand sagt: „Du hast da ein Messer stecken und
ich ziehe es jetzt langsam heraus", waren da nicht gewisse
Gefühle und Reaktionen vorhersehbar? Kamen da nicht die
Vorstellung und die Fantasie dazu? Hier und jetzt sollte ich
meine Antwort bekommen.

Da zeigt sich also dieses Messer im Widerrist – der Widerrist
befindet sich unterhalb vom Hals, wo die Mähne aufhört, bevor
der Rücken anfängt. Ich stehe hinter der Schulter von Amanda.
Sie blickt nach vorne und kann mich somit nicht sehen. Vorsichtig greife ich zum Messer. Meine Hand ist 15 oder 20 cm
von ihrem Körper entfernt. Da spannt die Stute ihren Rücken
von der Schweifrübe bis zum Widerrist an. Deutlich sehe ich,
wie sich die Muskeln zusammenziehen und ein leichtes Hohl-
kreuz entsteht. Langsam ziehe ich das Messer heraus. Genau
in dem Moment, als ich damit fertig bin, geht Amanda weg.

Ich bleibe stehen, schaue ihr nach. Amanda macht eine
Runde und kommt schließlich wieder zu mir zurück. Sie geht
direkt auf mich zu, bis sie ganz nah vor mir steht. Sanft lege
ich meine Handflächen links und rechts an ihren Hals. Langsam lässt Amanda ihren Kopf sinken. Ihr Unterkiefer ruht auf
meiner Schulter. Dann stehen wir beide regungslos da. Es ist
einfach nur still.

· ⍟ ·

Wie lange wir so dastanden, kann ich nicht sagen. Es gab in
diesem Moment keine Zeit. Es fühlte sich an wie eine wunderbare kleine Ewigkeit.

Und jetzt?

Jetzt gibt es viel mehr Raum in mir. Dadurch kann ich an alles ruhiger herangehen. Früher gab es viele Dramen in meinem Alltag. Genauer gesagt empfand ich vieles als dramatisch. Das war mühsam für mich und meine Umgebung. Schwierige Situationen kommen nach wie vor auf mich zu. Doch da ist jetzt Raum zwischen dem, was gerade passiert, und mir.

Jetzt führe ich ein wunderschönes Leben, für das ich sehr dankbar bin.

Weil ich nicht mehr ständig in Dramen gefangen bin, kann ich das Leben schlichtweg mehr genießen. Früher bin ich zwischen Vergangenheit und Zukunft hin und her gependelt. Was gerade passierte, entging mir oft. Ich war eine Meisterin des „Kopfkinos". Wieder und wieder spulte ich vergangene Situationen ab und malte mir aus, wie es denn hätte sein können, was ich anders hätte sagen oder anders hätte tun sollen. Das ging oft stundenlang und ließ sich nicht abstellen.

Meine Angst brachte mich auch dazu, mir die Zukunft auszumalen, natürlich immer in der schlimmsten Version. Wodurch ich den jetzigen Moment, der vielleicht gerade sehr schön war, wieder nicht recht genießen konnte.

All das hat mich Zeit und Energie gekostet. Beides steht mir jetzt zur Verfügung, um damit zu tun, was ich wirklich will. So nimmt der kreative Teil in mir mehr und mehr Raum ein. Endlich darf ans Licht kommen, was so lange tief in mir versteckt gewesen war.

Wunderbarerweise hat nun das „Himmelhoch jauchzend" die Oberhand bekommen. Das Leben besteht für mich jetzt wieder aus so vielem Schönen. Die kindliche Freude am Sein ist zurückgekommen. So fühle ich mich oft wie früher in den großen Sommerferien: Ich wache auf und freue mich, grundlos, einfach so.

Nachwort

Der langen Worte kurzer Sinn: Vorher war es schwer – jetzt ist es leicht. So schnell hätte ich es auch sagen können, wenn ich nicht so gerne Geschichten erzählen würde. Mir hat es Freude gemacht, meine zu erzählen. Natürlich habe ich nicht von all meinen Dramen erzählt – wer will die schon hören – und auch sicher nicht alles erwähnt, was an Leichtigkeit in mein Leben gekommen ist. Man gewöhnt sich rasch an das Schöne und vergisst recht schnell, wie verkorkst man früher war.

Eine kleine Episode fällt mir dazu noch ein, die mir damals selbst gezeigt hat, dass ich vergessen hatte, welch eine Drama Queen ich einmal gewesen war:

Während eines Kurses sitzen wir bei Tisch. Da bittet mich ein Teilnehmer: „Susanne, kannst du mir bitte das Salz geben."

Ohne weiter darauf einzugehen, reiche ich ihm den Salzstreuer. Im selben Moment entschuldigt sich mein Kollege hastig: „Wie komme ich bloß auf Susanne!"

„Ach, das ist doch eh fast das Gleiche", winke ich ab.

Martin sitzt mir gegenüber. Er ist total perplex und stellt fest: „Noch vor ein paar Monaten hättest du es nicht ausgehalten, mit falschem Namen angesprochen zu werden. Da sieht man, wie diese Technik wirkt!"

„Was, sogar bei mir wirkt sie?", frage ich kokett.

„Und das hättest du früher erst recht nicht sagen können!", meint Martin.

Stimmt. Und jetzt lasse ich mich einfach überraschen, was das Leben noch so bringt.